湖南省教育科学"十二五"规划 2014 年度大中专学生就业创业研究专项课题"对大学生就业若干问题的马克思主义理论反思"（编号：XJK014BJC031）后续成果

影像中的职场世界
——大学生就业创业影视文化研究

李秋艳　杨　莹　编著

西北工业大学出版社

图书在版编目(CIP)数据

影像中的职场世界/李秋艳,杨莹编著. —西安:西北工业大学出版社,2016.6
ISBN 978-7-5612-4864-5

Ⅰ.①影… Ⅱ.①李… ②杨… Ⅲ.①大学生—职业选择—通俗读物 Ⅳ.①G647.38-49

中国版本图书馆 CIP 数据核字(2016)第 130407 号

出版发行:	西北工业大学出版社
通信地址:	西安市友谊西路 127 号　邮编:710072
电　　话:	(029)88493844　88491757
网　　址:	www.nwpup.com
印 刷 者:	陕西向阳印务有限公司
开　　本:	850 mm×1 168 mm　1/32
印　　张:	7.25
字　　数:	176 千字
版　　次:	2016 年 6 月第 1 版　2016 年 6 月第 1 次印刷
定　　价:	20.00 元

前 言

电影是大学生们获得职场经验的窗口。一方面,现在大学生毕业前都是从学校到学校,没工作过的他们对职场缺乏亲身体验,有些职场认知甚至是从电影中获得的,电影可说是其最早的就业指导教科书。特别是在大学生就业较为困难的今天,以职场为主题的电影越来越受关注,他们渴望从电影获得更多职场的经验,从而不仅成功就业并且追求职业发展。另一方面,大学生就业在我国早已成为社会问题,也引起关注现实的影视界的广泛关注,以此为主题的电影近几年来频频出现。例如《一路相随》《与梦想约》等,都是以大学生就业问题作为其主题的。

在本书中,我们选取了享有盛誉的职场电影以及近几年来深受大学生追捧的新片,随故事情节的展开和电影场景的变换,将其中职场故事顺其自然地娓娓道来,寓教于乐地对广大学生进行就业与创业教育。

在此我们要感谢知名的"时光网",感谢该网提供了作为本书撰写素材的片源。本书还参考了很多期刊文章以及著作,我们尽可能在本书中以注释形式标明。但这其中也许还是有很多的疏漏之处,在此既要表示谢意而且更要深表歉意。我们还要特别感谢湖南女子学院屈振辉副教授。本书正是受他《影中觅法:寻找电影中的法律世界》的启示而著,他还为本书设计提供了思路并同意我们将《影中觅法:寻找电影中的法律世界》中有关劳动法的部分作为本书附录二,从而弥补了本书未涉及毕业生就业权益保护的不足。

李秋艳　杨　莹

2016 年 4 月

目 录

第一章	开场白:《致我们终将逝去的青春》	(1)
第二章	《与梦相约》:中国毕业生就业概览	(13)
第三章	《毕业之后》:国外毕业生就业一瞥	(53)
第四章	《当幸福来敲门》:经典的求职故事	(79)
第五章	《终极面试》:虚拟情景之中的真实	(104)
第六章	《时尚女魔头》:职场适应非常重要	(131)
第七章	《中国合伙人》:创业中的得失成败	(152)
附录一	二十五部职场电影及其启示	(181)
附录二	《费城故事》:维护自己的就业权益	(209)

第一章 开场白：
《致我们终将逝去的青春》

导　　演： 赵薇

主　　演： 杨子姗、赵又廷、韩庚、郑恺、江疏影

上映时间： 2013 年

出品公司： 华视影视投资有限公司、中国电影股份有限公司

影片简介：

郑微 18 岁时满怀期冀地步入大学校园，开始了她的追爱之旅。原来，郑微从小便与邻家的林静大哥哥青梅竹马，此次终于如愿考上林静所在学校的邻校，可以公开地与之交往了。谁想迎接她的不是心上人的怀抱，而

是命运的捉弄——林静出国留学，杳无音信。郑微备受打击，悲伤时刻却与室友阮莞、朱小北、黎维娟及师哥老张结下深厚友谊，在他们陪伴下慢慢走出心结。崭新的大学生活正式开启，在这个男多女少的理工院校，郑微和阮莞两大美女很受瞩目。富家公子许开阳便是郑微众多追求者中很有实力的一位，而阮莞用她特有的清冷守护着对于爱情的忠贞。一次偶然的误会使郑微与老张室友陈孝正结为死敌，在一次次的反击中，郑微惊讶地发现自己爱上了这个表面冷酷、内心善良的高材生，于是疯狂地反击演变为死缠烂打地追求，而陈孝正也终于在郑微的强攻之下缴械投降，欢喜冤家终成甜蜜恋人。大学4年时光匆匆流逝，毕业在即的郑微憧憬着美好的未来，却再一次遭遇晴天霹雳：陈孝正迫于家庭压力选择出国留学，却迟迟不敢告诉郑微。感觉再次被欺骗的郑微痛苦地离开陈孝正，却遇到搂着新欢的许开阳，两下对比更觉世界的荒凉。但大家终于四散。多年以后的新世纪，郑微已蜕变为职场上的白领丽人，竟再次品尝命运的无常：带着悔意和爱意的林静和陈孝正同时回到她的生活里！郑微，这个昔日的玉面小飞龙，将怎样面对生活和青春赐予她的迷雾和抉择……[1]

"青春是一场远行，回不去了；青春是一场相逢，忘不掉了；青春是一场伤痛，来不及了。"这一部改编自辛夷坞同名小说的电影，反映了20世纪90年代的大学生活。怀旧和追忆青春无疑是该片的主旋律，但那时也是我国大学生就业体制改革，从计划分配转向双向选择、自主择业的时期。这种阵痛深刻地影响着那个时代的大学生，甚至影响着他们的人生、理想和爱情，这些内容主要出现在影片的后半部分中。

---

〔1〕摘自"时光网"，网址：http：//movie. mtime. com/157125/plots. html#menu，略有改动。

一、人生规划及职业规划

  场景 1

陈孝正：郑微你是老鼠吗？你功课永远那么马虎，那个钢筋的配比率错得真离谱。

郑微：是吗？我可能算错了吧。

陈孝正：你知不知道小小的差错，有可能让一栋大楼倒塌。你这么马虎草率，能做一个土木工程师吗？

郑微：我不是就让你检查检查吗？用得着那么大动肝火啊？

陈孝正：大概是我小题大作了。我跟你不一样。我的人生是一栋只能建造一次的楼房，我必须让它精确无比，不能有一厘米的差池。所以我太紧张。

郑微：我不就是你那一厘米的误差吗？阿正，老师不也说，任何一栋建筑都允许存在合理范围内的误差，我这一厘米不足以让你的大楼倒塌的。

  场景 2

陈孝正：我说过，我的人生是一栋只能建造一次的大楼，所以我错不起，哪怕一厘米也不行。

郑微：所以你现在才幡然醒悟，及时纠正你那一厘米的误差？公派留学，我喜欢的人果然是最有出息的一个。只是我不明白，我跟你的前途必然是不能共存的吗？其实你一早告诉我,我未必会阻挠你。是不是因为,你的蓝图里从来都没有我?

场景3

杨澜:你的成功经验是什么?

陈孝正:成功这个词挺害人的,我曾经以为我从小到大的道路都精确无比,不能有一厘米的差池,可我现在的成功是差之毫厘,失之千里。我宁可不要这种成功。

杨澜:真的吗?为什么?

陈孝正:因为我现在的成功,是我用做人的失败换来的,得不偿失。

古希腊圣哲苏格拉底曾说:"没有经过思考的人生是不值得活的!"人生的确是最值得人们深入思考的问题。大家也可能听过这句话,叫"成功的人生需要规划"。人生规划源于但又高于对人生的思考,因为规划不仅只是思考而且更是行动,是"包括为实施既定方针所必需的目标、政策、程序、规则、任务委派,所采取的步骤、使用的资源以及其他要素在内的综合性计划。"[1]陈孝正说:"我的人生是一栋只能建造一次的楼房,我必须让它精确无比,不能有一厘米的差池。"这表明他不仅对人

---

[1] [美]哈罗德·孔茨.管理学.黄砥石,陶文达,译.北京:中国社会科学出版社,1987年版,第196页.

生有规划,而且希望这种规划精确无比,自己人生的每一步都按照规划走,步步为营、走向成功。规划对于一个人的人生具有很重要的意义,只有经过规划的人生才是科学、理性、坚强、幸福和彰显个性的人生。而职业占据了现代人一生中最主要的时间,现代人的一生主要是在职业中度过的,因此职业规划也就成了人生规划的代名词。学建筑的陈孝正以"一栋只能建造一次的楼房"比喻自己的人生规划,其中也包含职业规划的成分。他这句话将自己的人生规划与职业规划相结合,堪称经典!职业规划又称职业生涯规划,这个概念源自西方,西方学者对此众说纷纭,其中最经典的、在国内流传最广的即美国学者萨柏的定义:"生涯是生活里各种事态的演进方向和历程。它统合了人一生中的各种职业和生活角色,由此表现出个人独特的自我发展形态。生涯也是人生从青春期到退休之后,一连串有酬或无酬职位的综合。除了职业之外,还包括任何与工作有关的角色,如学生、退休者,甚至包含家庭和公民的角色。"[1]无论人生规划还是职业规划都应尽可能地精确,精确地进行人生规划和职业规划不仅是对自己负责,而且还能大大地提高成功的可能;但再精确的人生规划和职业规划也不可能没有误差,郑微就如同她自己所说的是一心向学、"没打算在大学期间谈恋爱"的陈孝正人生中"那一厘米的误差"。其实人生规划和职业规划中出现误差也没关系,要学会坚持和调校。

---

[1] 沈之菲.生涯心理辅导.上海:上海教育出版社,2000年版,第3页.

影像中的职场启示

二、性别歧视及应对技巧

场景 4

招聘人员：我们只招男生，不招女生。

郑微：不招就不招吧。他很不错是吧？

招聘人员：是不错。怎么，他是你的小男朋友？

郑微：对呀，我们都觉得他很好，所以我跟您看人的眼光相似哦。

招聘人员：这倒也是。

郑微：听说你们大企业都担心人才流失。照我说什么感情留人报酬留人都不管用，最可靠的方法就是让人才双职工化。

招聘人员：然后呢？

郑微：然后就让我们俩都成为你们的职工吧！这样我们就可以尽心尽力地为企业奉献我们全部的青春和热血。

招聘人员：呵呵呵呵……

在耗时一大半描写完大学校园里风花雪月的爱情后，影片终于进入了本书的主题，即就业与职场，而且一开场就是人山人海、如火如荼的校园招聘会场景。人们常说"爱情是电影永恒的主题"，大学生电影就更是如此。电影虽高于现实但必须源于现

第一章 开场白:《致我们终将逝去的青春》

实,在大学生就业已成为社会问题的今日中国,大学生电影中或多或少会涉及就业这个话题。本片以20世纪90年代的大学校园生活为背景,那时候正是我国高校毕业生就业体制从计划分配向自主择业转轨的过渡期,很多当代大学生所遭遇到的就业与职场问题在那时就已初现端倪,就业性别歧视就是一例。本场景中,郑微和陈孝正在某用人单位面前,刚递上求职材料还没开口,招聘人员就说了一句:"我们只招男生,不招女生。"这有可能构成就业性别歧视。《中华人民共和国就业促进法》第27条规定:"国家保障妇女享有与男子平等的劳动权利。用人单位招用人员,除国家规定的不适合妇女的工种或者岗位外,不得以性别为由拒绝录用妇女或者提高对妇女的录用标准。"如果该单位提供的招聘岗位不属于"国家规定的不适合妇女的工种或者岗位",他们"只招男生,不招女生"就构成了就业性别歧视,而且是直接的就业性别歧视。"就业性别直接歧视也称故意性歧视,是指雇员由于性别的原因而受到的不利待遇。直接歧视表现为形式上的不平等,呈现出明显的区别对待。如用人单位在招聘广告中称只招收男性。"[1]很多女生面对性别歧视要么沉默要么暴怒,但很少有像郑微这样从容应对的,她首先摆出一副"不招就不招"的无所谓态度,然后转而向招聘人员介绍其男友陈孝正——"他很不错吧!"在得以招聘人员赞同后,她递上了一句"我跟您看人的眼光相似",既抬高招聘人员,同时也抬高了自己,可谓一石二鸟,接着,她又道出大企业普遍存在的人才流失问题,并提出了

---

[1] 孙启泉,张雅维.妇女法教程.北京:北京大学出版社,2010年版,第117页.

"让人才双职工化"的企业解决问题的同时,也为自己提供了机会。可见其睿智。

三、非对口就业及应对

场景 6

张开:这位同学,你好!你是新生吗?哪个系的呀?

郑微:我学土木工程的。

张开:我刚好是你师哥。我大你一届,不过我们一块毕业。你读 4 年,我读 5 年。这是我的名片,我叫张开。

场景 7

张开:你是阮莞吧?

阮莞:是啊!

张开:建筑系张开,字天然。早就听说过你。

阮莞:你好。

场景 8

张开:阿姨,坐。

阿姨:小伙子,你们传记公司是怎么服务的?

张开:我们给去世的人写传记。您说,多数人一辈子默默无闻,走的时候什么都没留下,亲人多遗憾啊!其实,每一个人的一生,都是一本动人的传奇,是值得后人永远去怀念的,对吧?就像我们这广告词上说的:"天空没有痕迹,但鸟儿已经飞过"。

阿姨：我老伴儿去世前挺坎坷的。我就是不知道，你们是怎么收费的？

张开：8万字以下不出版的是1万，8万字以上出版的是3万块钱。

阿姨：那我考虑考虑吧。

张开：那上有电话，您考虑完了，我给您打折啊。

陈孝正：你写传记？

 场景9

张开：我默默耕耘，开了一家出版公司。

　　张开是建筑系的学生又说他要读5年，常摆弄建筑模型的陈孝正又和他同寝室，据此我们推测他应是学建筑学专业的。但他毕业后却守在墓地招揽生意，靠给去世的普通人写传记来谋生，还美其名曰开了家出版公司。而学土木工程的郑微毕业后却在从事秘书工作。由此看出，他们从事的职业与所学专业并不相关，或者说他们都没有对口就业。非对口就业是现在大学生就业中较常见的现象。大学生在计划经济年代由国家按照他们所学的专业计划分配，自然不存在非对口就业现象；而现在大学生是"双向选择、自主择业"，加之各专业之间的社会需求冷热不均，有些生源充足但社会需求不旺专业的毕业生要就业，自然要非对口就业。还有些毕业生是因对所学专业不感兴趣，其情"另有独钟"

影像中的职场启示

而选择非对口就业。美国学者辛迪·梵和理查德·鲍尔斯将人们身上的技能分为三类,即专业知识技能、自我管理技能和可迁移技能(或称通用技能)。毕业生在非对口就业时前者显然并不重要,而重要的是后两者。"在美国劳工部及美国生涯咨询和发展协会对雇主进行的另一份调查结果也显示:雇主们非常重视员工的自我管理技能和可迁移技能……事实上,中国雇主们所看重的同样是这些能力。"[1] 在本片中张开在校期间常吟诗作赋、出口成章,这为他毕业后非对口就业打下了良好的可迁移技能基础。当代大学生面对非对口就业现象时,一要正确认识,即认识到这是市场经济使然;二要积极准备,努力地培养自己的自我管理技能和可迁移技能。

四、残酷的就业竞争

场景10

曾毓:陈孝正,全校公派去美国留学的名额只有两个。你别忘了,你那个名额是我让给你的,是我跟我爸求情你才得到的。你看见这四周人山人海的学生了吗?他们跟你我都一样,大学几年都是学建筑出身的。这个社会是很残酷的,没有关系和背景一样得在工地上熬。

---

〔1〕 钟谷兰,杨开. 大学生职业生涯发展与规划. 上海:华东师范大学出版社,2008年版,第53页.

第一章 开场白:《致我们终将逝去的青春》

曾毓的这番话描述了当时已经出现的毕业生就业难现象。在20世纪90年代中期,顺应高等教育大众化的趋势,我国高校开始大规模地扩招。特别是像建筑类这样的热门专业,学的人更是"人山人海"了。但随之而来的便是毕业生人数的激增,加之当时中国经济正在调整转型,吸纳毕业生的能力有限,因此毕业生就业难现象就出现了。就连学习成绩优异的陈孝正和学院副院长的千金曾毓都不能免俗,也只能到"人山人海"的校园招聘会上去"求"职。曾毓劝陈孝正去美国留学就是为了让他避开如此残酷的就业竞争。我们并不反对继续深造,但我们反对以逃避就业为目的的继续深造。因为无论你读到硕士还是博士甚至是博士后出站,最后还要就业,即使是去美国留学的陈孝正也是如此;而且就业能力中最关键的可迁移技能并不会因为继续深造就一定能得到提高,继续深造后面临的就业竞争也不见得就小。因此她的说法值得商榷。

五、结 语

该片主题无疑是青春至上、爱情不朽,但作为一部描写我国大学校园生活的影片,它必然涉及当代我国大学生最关心的就业问题。有人认为该片"除了表现令人怀念的青春生活与爱情之外,还给人以深刻的启示:一个人的大学生活方式往往决定了其今后的人生道路。"而"生活方式对学生就业能力的培养具有重要意义,因此提高学生的整体就业能力,需从大学的生活方式和态度找原因。"[1] 这与我们的看法不谋而合。

――――――――――
〔1〕 冯丽.基于《致我们终将逝去的青春》分析大学生活对就业能力的影响.产业与科技论坛,2014年第3期,第146 147页.

第二章
《与梦相约》：中国毕业生就业概览

导　　演：刘泽群
主　　演：侯京健、楚轶男、戴笑盈、曹苑、裴兴雷、王庆鑫、于杪鑫
上映时间：2010年
出品公司：北京奇百奇文化传媒有限公司

影片简介：

　　季节如期进入了10月，又是大学毕业生求职的进行时。海州市海天大学的大四同班同学，决定留在海州的一对恋人沈小艺、邵猛随即投入竞聘。而偏激盲目、一心向往大城市的梁天宇则把目标定在了省城，并鼓动女友于丽一同前往。家境贫寒却坚持为一个贫困孩子义务家教的张自强，为了照顾患病的母亲也把目标定在了省城。学校积极组织就业工作。着急心切的邵猛，发誓要找一份收入颇丰的工作，四面出击打乱仗。沈小艺认真自

我分析、合理定位,在主试官步步紧逼的压力面试中,从容应对,脱颖而出。于丽对梁天宇非要去省城求职又逃课上网打游戏表现出强烈不满,两人发生矛盾,过分焦虑的于丽甚至在夜晚梦中惊醒。相信是金子到哪儿都发光的高飞,坦然地选择到农村基层立身创业。身为组织部部长女儿的米多多对母亲安排自己工作反倒反感,她决定考研,如果失败就自己创业。她对张自强情有独钟、穷追不舍,而无意"高攀"的张自强始终不肯接受。目标模糊的邵猛不断应聘面试又不断地受挫。他看不惯梁天宇的狭隘、自私,夜晚在宿舍聚餐饮酒,争论社会责任问题,两人发生激烈冲突。翌年3月,张自强将义务家教委托给高飞,与梁天宇、于丽一同来到省城,张自强不顾梁天宇反对去一家民营企业应聘,路遇一位小女孩为捡脱手的气球跑向汽车疾驶的马路立即冲了上去。出师不利让本来就不情愿来省城的于丽更加产生了动摇,但被仍然自我感觉良好的梁天宇强行留下。班会上围绕求职的相关问题,邵猛同班主任韩老师无所顾忌地争论。韩老师循循善诱,邵猛认真反思后,又一次应聘,精彩的英语问答,充分展示了强项。梁天宇、于丽、张自强再次去了大型招聘会。高飞延续着对贫困孩子的义务家教。米多多因张自强的出行感到一种失落。这天,在隐蔽身份的总经理的独特考察中,素质优秀、心态平实的张自强淘汰了与他PK的研究生,成功地获得总经理助理一职。于丽由于容貌漂亮在面试中受到侮辱而愤然退场,不顾梁天宇的极力劝阻毅然决定返回海州重新设计自己。邵猛终被录用为商务翻译,高飞也如愿当上了"村官",米多多考研被录取。梁天宇在又一次面试中发蒙卡壳,连连失误最终失败。求职的曲折经历使他开始深思……[1]

这是一部以大学生求职就业为主题的影片,正如片头字幕所述:"今天,本已十分突出的大学生就业问题,受当前经济危机的冲击和影响,形

---

[1] 摘自"豆瓣电影",网址:https://movie.douban.com/subject/4901705/,略有改动。

第二章 《与梦相约》：中国毕业生就业概览

势更加严峻，直至引起党中央国务院的高度重视，各级各地社会各界，纷纷采取措施，积极给予关注，在这种情况下，大学生自身怎么办，如何面对现实，转变就业观念，提高就业能力，科学合理地解决相关问题，实现就业梦想？就此，我们摄制了本片。"该片以即将毕业的大学生开始求职为背景，用七名面对就业目标、态度、表现不同的大学生各自经历和遭遇到的不同求职故事，反映了当代大学生应如何面对现实，树立正确的就业观念，合理地进行自我定位，培养自身的过硬素质，科学地求职，最后实现成功就业。与其他兼及大学生就业问题的影片相比较，该片全景式地反映了大学生求职就业问题。尽管其中某些场景不免有些生硬甚至牵强，但整体上不失为一部好的"大学生求职教科书"。

一、当代大学生多样化的就业观

场景 11

老师：同学们，2000年全国大学毕业生只有195万，到了今年已经上升到了610万。在这种情况下，如何去寻找自己的位置，实现自己的梦想呢？现在，请大家各抒己见、展开讨论。

梁天宇：我觉得，别管什么情况，大学生就是大学生，凤凰就是凤凰，鸡就是鸡。我就想到大城市去。

沈小艺：我觉得，去哪里并不是最重要的，关键在于合理定位、科学制定目标。

邵猛：我觉得目标就是找工作。我们急需要工作，找到工作，工资高就行。

某男生：对，工资就是价值。

于丽：我觉得不应该期望过高，能有机会就不错了。

某女生：可是机会在哪儿呢？

沈小艺：机会当然是要自己争取的，守株待兔肯定不行。

老师：张自强？

张自强：嗯，我觉得，首要的问题是培养良好的素质，能力才是硬道理。

米多多：说得好，说得好。

高飞：有武艺就会有舞台，有勇气就会有奇迹；是金子到哪儿都发光，是铁到哪儿都生锈，是不？

老师：米多多，你呢？

米多多：我，我就是想考研。考不上我就自己干，直接当米总。

过去大学生在就业观上较为单元化，绝大多数人都抱有"我是革命一块砖，哪里需要哪里搬"的思想，到祖国最需要的地方建功立业。而进入市场经济年代后，大学生在就业观上日趋多元化，本片一开场就以一场讨论展现了当代大学生林林总总的就业观。梁天宇属于盲目自信型，认为自己"再怎么也是堂堂大学生"就目空一切，"自我膨胀"（这是张自强对他的批评，他还辩称这是"自我承认"）。"许多大学生还认为当代大学教育是精英教育，自己毕业之后应当被列为社会精英。这样的思想导致一部

第二章 《与梦相约》：中国毕业生就业概览

分大学生在进行择业之时，具有较高的自我期待，不切实际。"[1]沈小艺属于理智、理性型，认为就业应合理定位、科学规划目标；邵猛属于简单实惠型，认为只要能找到工作且工资高就行（他在后面还有一句台词也说明了他的观点："我现在顾不了那么多了，就想找一好工作，什么是好工作？挣钱多就是好工作。"）；于丽属于消极、悲观型，认为不应期望过高，有份工作就行（她在后面还有一段台词也说明了她的心理："到底该怎么办？别说找好工作了，现在能不能找到都是个问题。社会这么复杂，只能走一步算一步了。"）；张自强属于实力自信型，认为必须要拥有高素质、强能力；高飞属于艺高人胆大型，认为将本领和勇气置于主要地位；而米多多则"不走寻常路""众人就业我创业"。以上观点基本涵盖了当代大学生就业观的类型。总体而言，沈小艺的看法较为正确；张自强和高飞的看法基本正确，但就业光有高素质、强能力以及勇气还不够，还必须掌握一定的就业技巧和方法；邵猛的看法有失偏颇，就业并不简单地等同于找工作，更在于找适合自己的工作（他的女友沈小艺后面也说："前两天我去应聘了一个工作。结果到了那儿我发现这工作根本就不适合我"），不能"先就业、后择业"而应就业与择业并行。现在"某些大学生为了尽早独立，忽略自己的兴趣和专业，匆忙随便找个工作糊口，这最终导致大学生可能错失良机，或者无法学以致用，荒废专业知识，从更深层次上说，也是一种人才浪

---

[1] 曾宏. 关于当代大学生就业观的研究. 前沿，2014年第4期，第156页。

费。"[1]"工资高就行"就更错误了。于丽的看法也存在问题,"不应该期望过高"是理性的表现,但"能有机会就不错了"未免有些悲观,"机会当然是要自己争取的";梁天宇的看法在根本上是错误的,本片片尾处他的结局就证明了这一点。米多多的看法比较符合目前"大众创业、万众创新"的趋势,也是国家倡导鼓励并给予政策支持的;但刚刚毕业的大学生经验和能力都比较缺乏,自主创业的风险较大,最好是"先就业、再创业"。另外米多多在后面说的"我妈给我找的那些工作我根本不想去,整天坐办公室,没劲,还不如我自己干呢",也反映出她在创业观上的不成熟。

二、就业选择

场景12

于丽:你说这个梁天宇,也不知道是不是中了邪,一根筋非要去省城,在海州我都恐怕不行。

沈小艺:你还是跟他去吧。你跟梁天宇都几年了,各奔东西不好吧?

于丽:那也可以跟你们一样啊,一起留在海州嘛。他这个人啊,总是心比天高。

……

---

[1] 刘建荣,张丽娟.大学生消极就业观问题探讨.赣南师范学院学报,2008年第5期,第117页.

第二章 《与梦相约》：中国毕业生就业概览

梁天宇：我说丽丽啊，你别老是不踏实。我可是王八吃秤砣，铁了心了。我跟你说，这省城就是省城，多大的皮儿包多大的馅儿。

 场景 13

梁天宇：自强，我这正找好单位呢，你非去不可？就一民营企业。

张自强：民营企业怎么了？我对这个岗位挺有兴趣。

梁天宇：你这人就死倔，不听我的你就去，有你后悔的。

张自强：走了啊。

场景12谈的是地域选择，场景13谈的是单位性质选择。发达地区无疑吸引了众多毕业生的眼球，"北上广深"成为其就业首选地域，甚至有些人喊出了"宁要北京一张床，不要外地一套房"的口号。"当前我国高校毕业生就业过度集中于经济相对发达的城市和东部地区，就业地域失衡问题日益凸现"，[1] 对我国经济社会发展和毕业生自身都将产生消极影响。本片中的梁天宇就读于地方性院校海州大学，眼光虽然没有那么高但也将自己就业的地域死死盯在省城（这种心态也普遍存在于很多地方性院校毕业生之中）。发达地区和省城固然就业机会多、薪酬待遇好、

---

[1] 钟秋明，文东茅．高校毕业生就业地域失衡及其对策．求索，2007年第9期，第117页．

发展潜力大,但就业竞争很激烈,对人才的要求也更高。梁天宇经常逃课,上网打游戏,不认真学习,不注重增强自身实力,又好高骛远地一心想去省城就业,结果终归是"竹篮打水一场空"。在就业观上原本就消极悲观的于丽对此非常恐慌,但拗不过男友梁天宇,只能以"嫁鸡随鸡、嫁狗随狗"的心态对待。沈小艺及男友邵猛则合理定位,通过对自身实力的分析,将自己就业的地域目标定位在地方。张自强在片中也说"我觉得吧,这海州也行。虽然地方小点,只要是单位和岗位都合适"。只因要照顾家庭才去想省城就业并最后在那成功就业。我们并不反对毕业生到更好的地方就业,但在就业地域选择上毕业生一定要量力而行。

民营企业是指在所有制关系上属于劳动者个体所有或采取资本联合经营的非公有制经济形式,主要有公司制企业、个体、私营企业和外商投资企业等形式。现在民营企业事实上已成为吸纳毕业生,特别是本专科毕业生就业的主要渠道,但还是有些毕业生在择业时对民营企业另眼相看。有学者认为工资较低、培训机会少、劳动契约化程度低、未建立有效职称认证制度是造成这种状况的主要原因;[1] 我们也认为某些毕业生在择业时认为民营企业经营不稳定、保障少,因此将民营企业作为最后的考虑甚至干脆不考虑。风险是与机遇并存的。民营企业经营虽然风险大、竞争大,但体制灵活,容易脱颖而出。其实现在毕业生不愿到民营企业就业的现象,也与他们害怕竞争、不敢勇担风险的心理有关。

---

[1] 龙中樑,俞贺楠. 我国民营企业吸纳大学生就业的动力与障碍分析. 兰州学刊,2013年第3期,第84—85页.

三、诚信就业

场景 14

于丽：多多，你说小艺当这个团支部书记找工作也有利吧？

米多多：那肯定的啊，要不你也在简历上填个班长什么的呗。

于丽：我听说咱们班都快 20 个班长了。

米多多：呵呵，咱们班出人才嘛。

于丽和米多多两人的这番对话讨论的是诚信就业问题。大多数用人单位都对担任过团支部书记、班长等学生干部的毕业生较为青睐，在选择人才时往往优先考虑他们。身为组织部部长女儿的米多多深谙其道，肯定了于丽的说法。但她对于丽的建议却不正确。显然于丽并不是班长，否则也不需要在简历上"填"个班长；如果于丽按她的说法做了就违反了就业诚信。诚信是当前毕业生就业中的重要问题。在我国社会转型期社会诚信下降之风也蔓延到毕业生身上，当前大学生"最为突出的是就业中的诚信缺失。在就业过程中,某些大学生简历造假、无故毁约、频繁跳槽"。[1] 很多毕业生还竞相效仿这种不正之风,于丽说"咱们班都快 20 个班长了"就是这种造假之风盛行的写照。就业诚信不仅是道德问题,而且还是法律问题,很多毕业生对此只知其一不知其二。我国《劳动合同法》第 8 条规定:"用人单位有权了解劳动者与劳动合同直接相关的基本情况,劳动者应当如实说明。"第 26 条规定:"下列劳动合同无效或者部分无效:(一)以欺诈、胁迫的手段或者乘人之危,使对方在违背真实意思的情况下订立或者变更劳动合同的。"使用虚假应聘材料求职就属于欺诈手段之一。该法第 39 条规定:"劳动者有下列情形之一的,用人单位可以解除劳动合同……(五)因本法第二十六条第一款第一项规定的情形致使劳动合同无效的"。毕业生这样做只能害人终害己。

四、"大学生村官"

场景 15

高飞:哎呀,好香啊!

梁天宇:唉呦,高村长吗。

高飞:别拿村长不当干部。

……

梁天宇:我说高飞,你也是。好不容易从农村出来了,

---

〔1〕 张传忠. 对当前大学生就业诚信缺失问题的思考. 牡丹江师范学院学报(哲社版),2010 年第 3 期,第 117 页.

第二章 《与梦相约》：中国毕业生就业概览

好吗，又要回去啊。

高飞：农村咋儿了，别瞧不起农村。这么些年我为啥乡音不改呀，我就是想当村长，咋着吧？

 场 景 16

邵猛：你还是决定当你的村长吗？

高飞：嗯，我就是想从基层做起，一步一步来。

邵猛：不愧是党员啊。

高飞：我跟你说，寒假的时候我去跑我那村官，碰见一个老支书，跟我说啥："小高啊，俺们农村现在就是欢迎你这样有文化的人才。来了好好干，毛主席早就说了，'农村是一个广阔天地，在这里可以大有作为。'"

片中的高飞一心想毕业后回乡当村长（在我国准确的说法应该是村民委员会主任），这反映了现在部分毕业生"从基层做起"的良好心态。但实际上高飞并不可能一回去就当村长，因为按照我国《村民委员会组织法》第11条："村民委员会主任、副主任和委员，由村民直接选举产生。任何组织或者个人不得指定、委派或者撤换村民委员会成员。"因此即使是米多多当组织部长的妈妈也无权指定或指派高飞当村长，高飞必须通过村民直接选举成为村长。我们认为，高飞所说的"村长"应该是村支书助理，它应该是通过"选聘高校毕业生到村任职"项目形式进行了。2008年，中组部、教育部、财政部、人力资源和社会保障部出台了《关于印发〈关于选聘高校毕业生到村任职工作的意见(试行)〉的通知》(组通字〔2008〕18号),计划用5年时间选聘10万名普通高校毕业生到农村担任村党支部书记助理、村委会主任助理或团支部书记、副书记等职务,聘期一般为2~3年。选聘对象原则上为中共党员(含预备党员),非中共党员的优秀团干部、优秀学生干部也可以选聘。片中的高飞是党员正好符合这个条件。而这项工作主要由各地组织部门负责,因此米多多当组织部长的妈妈才有可能"关照"得到高飞。

五、面试前的形象准备

场景17

梁天宇:行了,都能当镜子用了。

邵猛:这形象很重要你知道不?第一印象就像是童贞,必须闪亮登场……你可别说邪乎,这一仪表有时候就是门票,这跟搞对象一样。

……

于丽:我看看,这边,挺好。小艺你穿什么衣服都好看。

沈小艺:不光得好看,还得跟应聘的单位岗位协调,要庄重、大方。

于丽:得了,挺好。

场景18

梁天宇:自强,你看我这套衣服怎么样?

第二章 《与梦相约》：中国毕业生就业概览

张自强：挺好。

梁天宇：绝对的，你看你那些衣服都是数10块钱的。咱这一套900多，我说你也来一套？

张自强：我爹10件衣服的钱。

梁天宇：先别管那个，这关键的时候马上就到了。包装自己不能小气，下手得狠。

俗话说："佛要金装、人要衣装"，形象在毕业生求职中非常重要。良好的形象能表现出毕业生自己的精神风貌和对用人单位的尊重，从这个意义上说它确实是敲开用人单位大门的"门票"，毕业生必须对此认真对待。但良好的形象并不等于昂贵的衣装，因此梁天宇的认识和做法是错误的，毕业生求职时着装只要"庄重、大方"就行。"一般说来，应届大学生在着装的选择上，总体原则是简约大方、扬长避短。"[1]沈小艺说得很对，求职时的着装"不光得好看，还得跟应聘的单位岗位协调"。如果毕业生求职时的着装做到了"跟应聘的单位岗位协调"，会让招聘单位觉得你对他们单位用了心、有认同感，自然被聘上的可能性就高。

---

[1] 王晓艳.刍议大学生求职的形象设计.上海青年管理干部学院学报，2012年第4期，第57页.

六、面试中的问题

  场景 19

招聘面试官甲：邵猛同学，你的求职意向同时填了好几个不同的岗位，你到底希望干什么？

邵猛：哪个都行。

招聘面试官乙：那你对我们单位和你应聘这个岗位有过了解吗？

邵猛：这个……没有……。

招聘面试官甲：你还有什么要求吗？

邵猛：工资待遇能增加吗？

招聘面试官甲：不可以。

邵猛：不是说1 000～3 000元吗？

招聘面试官甲：1 000～3 000元不包括1 000元吗？

招聘面试官乙：还有开始挣几百的呢？3 000元要看你值不值，不要还没上班就想着高工资。

  场景 20

主试人甲：有请沈小艺同学。

沈小艺：尊敬的各位老师，同学们，大家好。首先非常感谢各位老师能给我这次面试的机会。我是来自海天大学中文系的本科应届毕业生，我叫沈小艺。今天我来应聘的工作岗位是贵公司的文员。我认为自己能够胜任这一岗位的理由是我很喜欢这项工作，具备相应的专业基础知识，并且我有过同类的实习经历。同时，我做事认真、诚实守信，能够与人为善。

主试人甲：停。请问你有什么缺点？

沈小艺：谢谢这位老师的直率提问。金无足赤、人无完人，毫无疑问我也会有的缺点和不足。比如说，我的手写文字不够漂亮，综合业务经验缺乏，等等。不过我会努力学习，不断提高和完善的。

主试人甲：我们并不认为你毕业于海大有足够的素质。

沈小艺：门第并不完全决定一个人的素质，许多成就卓越的人有的甚至没有上过大学。真正的能力才是最重要的。

主试人丙：可是人们习惯于这样认识，哪怕是偏见。

沈小艺：只要有机会，事实会证明一切。

主试人甲：即使你被录用了，我们提供的薪资恐怕也不是你所预期的。

沈小艺：现在的主要问题是我们要求职，当时实践证明自己是人才，那时候就会变成得要求贤，我想，一定会有报酬的。

（掌声）

沈小艺：谢谢大家。

……

米多多：小艺，他们是不是看不起咱们海大的呀？

沈小艺：现在很多工作单位已经不把文凭放在第一位了。

米多多：那他们干吗专门打击你呀？

沈小艺：这正是为了检验你的能力呀。

米多多：这回可算是检验着了。咔咔咔，全被你给顶住了。

沈小艺：好家伙，哪儿有那么夸张啊。

于丽：你说面试的时候怎么回答提问？

沈小艺：问什么就答什么，不能所答非所问，驴唇不对马嘴。还有呢一定要有思想、有见解。

 场景 21

男招聘人员：你能说一下自己的优长和不足吗？

邵猛：我的主要不足是缺乏工作经验，但这不是主观原因造成的。我的特长是英语成绩好，而这正是我应聘的岗位所需要的。

女招聘人员：现在大学生找工作流行一种观念，就是先就业再择业。一些人不断上岗又不断辞职，对此你怎么看？（英文）

邵猛：我觉得，这是一种跳蚤行为。对此，我认为，合理流动可以理解，但并非转移次数越多越好，总像一朵云飘来飘去，势必造成时间和精力的消耗浪费，也会给用人者带来伤害。（英文）

女招聘人员：那么，怎么避免这种情况？（英文）

邵猛：深思熟虑，认真对待每一次选择。这既是对自己负责，也是对用人单位负责。（英文）

第二章 《与梦相约》：中国毕业生就业概览

男招聘人员：请问，作为一名员工，最重要的品质是什么？（英文）

邵猛：忠实可靠、勤奋上进、勇于创新、善于合作。（英文）

男招聘人员：如果你被聘用，你觉得首先应该怎么做？（英文）

邵猛：从我做起，从现在做起，从小事做起。

男招聘人员：OK，回去等消息吧。

邵猛：谢谢老师。

 场 景 22

男招聘人员：梁天宇同学，你认为 EQ 在工作生活当中有什么意义？

梁天宇：EQ？

男招聘人员：就是情商……好了，我再问你一个问题。你为什么要改行？

梁天宇：现在改行的人挺多。

男招聘人员：听清楚，我问的是你为什么要改行？

梁天宇：其实在大学里也没学到什么，什么专业无所谓。

面试是毕业生求职就业中最重要的环节，必须予以高度的重视，本片作为"就业指导教科书"，自然也花了大量笔墨描述面试。在场景19中，邵猛在简历中的求职意向栏里同时填了好几个不同的岗位,当招聘面试官甲问他到底希望干什么时他竟然说干哪个都行。这表明邵猛的求职意向不明确,对自己的认识和定位也不清晰,这样的毕业生用人单位通常并不愿意要。毕业生在应聘某个单位时最好在面试前对这个单位和自己应聘的岗位有所了解。在大型校园供需见面会上要做到这点确实很难,但从场景中可以看出邵猛参加的是校园小型专场招聘会,学校毕业生就业工作部门通常都会事先通知学生,因此毕业生完全可以做好准备。但在本场景中邵猛却没有做好准备,应聘落选也在情理之中。与之形成鲜明对比的是场景20,邵猛在女友沈小艺的循循善诱下终于认清了自己,发挥自己在英语方面的特长应聘与之相关的工作,最终应聘成功。另外薪酬是求职面试中对用人单位而言比较敏感的话题,毕业生最好不要主动提及,即使用人单位提这方面的问题毕业生也应慎重回答。像邵猛这样主动问用人单位还能否加薪甚至还讨价还价就犯了面试大忌。

　　场景20中沈小艺的面试表现可谓可圈可点。首先她以一段精彩的自我介绍出场,条理清晰、层次分明、重点突出、简洁有力,给所有人都留下了很好的印象。"面试的首要环节通常是在指定的时间内进行简短的自我介绍……自我介绍的作用是让雇主在短时间内了解求职者的基本情况。"[1]自我介绍是面试中的必考题目,毕业生应精心地进行准备。也许是为了挫挫她,招聘人员接下来提了几个在米多多看来是"专门打击"沈小艺的问题,她也都对答如流而且她还不认为是"专门打击"她,因为她深谙

---

[1] 李黄珍.巧面试、捕获心仪工作.职业(上半月),2008年第4期,第11页.

第二章 《与梦相约》：中国毕业生就业概览

这其实是对她的压力型面试。压力型面试是将应聘者置于人为制造的紧张氛围中，让其接受那些具有挑衅性、非议性、刁难性的问题，以考察其气质修养、应变能力、抗压能力以及情绪稳定性等。"通常面试者通过提出生硬的、不礼貌的问题故意使应聘者感到难堪，并针对某一事项或问题做一连串的发问，打破砂锅问到底，直至其无法问答，从而达到面试的目的。"[1] 我们就来分析下这几个压力型面试试题。首先是问"你有什么缺点"。这个题目属于自我评价式的面试题。"自我评价式提问是要让被面试者对他们自己、他们的行为以及技能进行分析和评估。"[2] 用人单位较为青睐这种敢于直面自己缺点的人，因为这样的员工才最真实，而且可以避免在今后的工作中"用其所短"。应聘者不宜说自己没缺点，这样将显得自己太不谦虚；不宜把那些明显的优点说成缺点，这样将给人以过于虚伪的感觉；也不宜说出严重影响所应聘工作的缺点，这样将让人感觉到难以放心。应聘者可以说一些对于所应聘工作"无关紧要"的缺点。例如，沈小艺所应聘的文员工作需要最多的不是手写文字而是打印文字，因此"手写文字不够漂亮"对文员这个职位而言无伤大雅；大家还要注意她说是"不够漂亮"而不是"不漂亮"，这从另一个侧面也反映出她精益求精的特质。沈小艺说她"综合业务经验缺乏"，这不光是她而且是几乎所有应届生共同的缺点，但这还是个事实——应届生没有在工作岗位上工作过，哪来的"综合业务经验"？其

---

[1] 陈筱芳. 人力资源管理. 北京：清华大学出版社，2008年版，第125页.

[2] 殷智红，李英爽，平宇伟. 人力资源管理. 北京：邮电大学出版社，2008年版，第109页.

次招聘人员说"我们并不认为你毕业于海大有足够的素质",很多毕业生遇到此类问题时常认为用人单位看不起其就读的院校和他们。其实该单位愿意到海大来进行校园招聘,就证明了他们事先已从整体上认可了海大及其毕业生的素质,关键看应聘者怎么回答。沈小艺用例证说明了素质不由学历而由能力决定,那什么样的学历就更不重要了。最后招聘人员说他们"我们提供的薪资恐怕也不是你所预期的",其实是在考查沈小艺的工作价值观即在工作中她看重什么。沈小艺的话表明她并不看重报酬而是看重展现自己才能的机会,换做是她看重工作报酬的男友邵猛听到招聘人员的话肯定会急;而且她的话也表现了她的自信,"当时实践证明自己是人才……一定会有报酬的。"事实上任何想要有所发展的企业在薪酬上都会注意公平,员工的付出和获得的回报是会成正比的。

在场景22中,招聘人员问梁天宇为什么要改行,他回答现在改行的人挺多。这表明他是个没有主见、随波逐流的人,他在后来的无领导小组讨论中也表现出这一点。招聘人员又问了一次梁天宇为什么要改行,他竟然回答他在大学里也没学到什么,什么专业无所谓。这就更糟糕了。诚然,正如本书第一章中所述,现在用人单位较为看重毕业生的可迁移技能和自我管理技能,而不太看重其专业知识技能,确实是"什么专业无所谓"。但这并不表示专业知识技能不重要。大学生本业是学习,如果像梁天宇所说他在大学里也没学到什么,那就是不务正业了。而且听到这话用人单位也会想,对学习如此态度的学生今后对工作的态度也不会好到哪里去。因此梁天宇的落聘也就在情理之中了。

第二章 《与梦相约》：中国毕业生就业概览

七、认清自己

场景23

邵猛：用得着这么认真吗？

沈小艺：就得认真分析自己，想干什么、能干什么，适合到什么地方，去什么单位。

邵猛：我觉得差不多都能干。

沈小艺：你是万金油、百事通？

邵猛：反正投出去简历那么多，蒙吧。

场景24

米多多：小丽，我妈今天又给我打电话定工作的事。真烦人，我就是想干我自己想干的嘛。我跟你讲，我还挺想当兵的呢。

于丽：我就不知道自己想干什么，能干什么。有时候就觉得干什么都行，有时候又觉得干什么都不行。

米多多：你呀，这就是不认识你自己。

俗话说："凡事预则立，不预则废。"毕业生在求职应聘之前要充分认识自己，做到先"知己"而后"知彼"，这样才能"百战不殆"。认清自己是毕业生求职要做好的第一步。"所谓求职中所指的'知彼知己'的能力，实际上就是一种了解自己、选择自己之后，让他人也能正确地了解和选择你的一种能力。换句话说，就是让企业来了解自己、选择自己。每个人都有属于自己独特的气质、能力和天赋，因此，首先应该对自己的性格、兴趣、特长作出恰当的、实事求是的分析，之后再为自己作一个合乎实际的职场定位。在想清楚自己想干什么、能干什么后，再为自己定位一个职场发展的大方向。"[1] 在求职前首先应对自己进行自我定位。这是指在客观把握自身条件的前提下，依据一定的标准，确定出最适合本人的职业和职位。人最难做到的就是客观公正地认识、评价自己。只有对自己有清醒、客观的认识，才能确定自己大致适合于干什么工作，进而获得工作、发展事业。在场景23和场景24中，邵猛和于丽都没有认清自己，因此才不知道自己想干什么、能干什么，因而在应聘中屡战屡败；而沈小艺则清楚、充分地认识自己，因此一战成功。

八、就业要靠真功夫

场 景 25

张自强：有追求、会追求。怎么去找工作？凭什么找工作？将来怎么去发展？

---

〔1〕广西捷群企业管理咨询有限公司，广西影响力企业管理咨询有限公司. 毕业后我们一起工作——七位中国最具潜力培训专家带您一起进职场. 北京：中国财富出版社，2013年版，第3页.

……

于丽：小艺，你说咱们是不是还没有职业学校的学生好找工作？人家手里面还有技术。

沈小艺：现在高级技工最缺了，不过不管你是哪个学校毕业的，最终都是看你是不是下工夫学到了东西。

……

于丽：小艺，你接着说。

沈小艺：我要说的呢也就是张自强说的，能力才是硬道理。我大二那年出去实习，好几个人。那个处长根本不问你是什么文凭，交给你的任务就看谁能干得了。

……

邵猛：你们说，现在这工作分工越来越细，将近3 000种了。到底学什么专业好找工作？

高飞：不一定学啥就好找工作，学啥就不好找工作，就看学得咋儿样。就像三百六十行，行行出状元。问题不在于你干啥，就看你干得咋儿样。

梁天宇：什么就看干得怎么样？卖茶叶蛋的能搞导弹？

张自强：捡破烂的还有垃圾大王呢……敢想不怕，就怕你眼高手低。

……

梁天宇：那，只要你敢想啊。

张自强：敢想不怕，就怕你眼高手低。你也别说专科生、本科生，现在有些地方就是专科生就业率高于本科生，女生就业率高于男生，就看你怎么去追求。

高飞：有追求，会追求，是不？

现在很多大学生在校期间对学习总是抱着"60分万岁，多一分浪费"的蒙混心理，不下工夫学也没学到什么真功夫。他们中很多人甚至认为现在大学生就业难，无论学什么专业学得怎么样就业都难，因而放松学习。古语说："书到用时方恨少"，结果到求职时他们就开始心虚胆怯了。其实无论就业形势是好是坏都要靠真功夫，正如沈小艺所说能否成功就业"最终都是看你是不是下工夫学到了东西"。毕业生只有在校期间学好，在应聘和今后的工作中才有底气，"学得好才能干得好"。哪怕是就业再难的专业，学得好的学生相对那些学业马虎的学生在就业上还是要好些，正如高飞所说的"不一定学啥就好找工作，学啥就不好找工作，就看学得咋儿样。"再者，无论什么行业、什么岗位，招聘者在甄选人才时通常都比较注重他们的成绩和能力，因此成绩和能力是毕业生求职时的敲门砖。最后，张自强所说的"专科生就业率高于本科生，女生就业率高于男生"都是现在毕业生就业中的常见现象，其与专科生相对本科生动手能力强、女生在求职时相对男生更踏实求稳不无关系。

九、主动与用人单位联系

场景26

梁天宇：对了，咱投出去的简历都怎么样了？

第二章 《与梦相约》：中国毕业生就业概览

张自强：就是，要不打电话问问情况？
梁天宇：打一个。
张自强：打一个。

张自强的说法总体是对的。简历和自荐信等求职资料发出后，毕业生要与用人单位主动联系。现在毕业生就业市场是典型的买方市场，要求职的毕业生众多但用人单位提供的岗位有限。因此毕业生不能持"姜太公钓鱼，愿者上钩"的心态，总是等待用人单位主动与自己联系。现在用人单位都比较喜欢提交求职材料后能与他们主动联系的毕业生，因为他们认为这些毕业生有进入本单位的强烈愿望和诚意。通常这些毕业生求职的成功率也比较高。甚至有时用人单位正当选你或选别人犹豫不决时，正是你一个主动的电话、短信或邮件为你赢来了就业的机会。但这也不是一条铁律。有些用人单位在招聘时明确声明合适则约见、拒绝来电来访，这种情况下毕业生就不要主动与其联系了，否则还会适得其反。

十、应聘前的准备

场景 27

沈小艺：怎么样？感觉怎么样？
于丽：我要是面试官一定录用你。

沈小艺：其实面试的好多问题都应该提前模拟一下，准备得越充分成功的把握就越大。

 场景28

苏贵宏：我……我叫苏贵宏……我非常希望到贵公司工作……我……我希望……

主试人甲：心理素质太差了。

主试人乙：平时没锻炼过。

主试人丙：这个人明显不行。

主试人甲：这位同学，你可以回座位了。

苏贵宏：谢谢。

 场景29

邵猛：这次这个单位增加了笔试，还同时社招。

沈小艺：怎么也要把岗位选合适了，工作好在适合自己。

邵猛：这马上就毕业了，我急！

沈小艺：那也不能病急乱投医。不合适，人家可能就不选你。再说了，求职的草率还可能导致你将来发展的失败。

邵猛：反正已经通知去了，再试试吧。

沈小艺：给你。

邵猛：什么呀？

沈小艺：这是过去考试的卷子，我托人帮你找的，参考一下，看看题类特点。这种笔试主观题更要注意理论结合实际。

第二章 《与梦相约》：中国毕业生就业概览

毕业生就业不能打无准备之仗，无论笔试还是面试都应积极准备。

面试是应聘者和招聘者直接面对面的交流与互动，一般用人单位将重点放在考查应聘者的外貌气质、言行举止、职业能力以及道德品质方面。通过面试招聘者可以更加充分地了解应聘者，发现应聘者身上某些潜在的而通过笔试往往难以发现的东西，从而能够更为全面、快速和深入地了解应聘者。如果应聘者基本上是应届毕业生，面试的重点将会更多集中在对能力的考察上。[1] 在招聘中，并非所有的用人单位都要采用笔试形式，但几乎所有的用人单位都要对聘者进行面试。对于大多数大学生而言，几乎没有任何面试经验。而面试经验的缺乏将严重影响大学生择业的成功率，因而应当引起大学生们的高度关注。面试准备是应聘者能否取得最后胜利的关键。应聘者在收到面试通知后，必须积极行动起来，充分做好面试准备。首先是做好心理准备。即使面试不带有任何心理测试的色彩，应聘者在面试时也应当具备良好的心理素质。面试的心理准备包括应聘者对自己的知识能力结构、个性心理特征和职业适应性的自我认知，也包括对自己的自信心和竞争意识的树立和培养。场景 28 中的苏贵宏在面试时说话结结巴巴，显然是紧张心理的表现。其次是做好问答准备。面试主

---

[1] 金鸣，张敏．员工招聘．北京：国际文化出版社，2004 年版，第 97 页．

要是以"提问—回答"的形式进行的,因而有必要在面试前有针对性地准备回答一些问题,它们涉及应聘者个人情况、求职动机、薪酬要求甚至职业发展等诸多方面。这些问题是面试中的常见问题,是完全可以在面试前准备好的。正如沈小艺所说的那样"面试的好多问题都应该提前模拟一下,准备得越充分成功的把握就越大。"

笔试可谓是最传统的人才选拔方式,当应聘人数众多或专业要求较高时,用人单位普遍采用这种方式进行初选,特别是在选拔应届毕业生中更是经常使用。应聘笔试而言,常规的应试技巧固然有用,但仅有这些还远远不够,大学生还应当了解某些特殊的技巧。首先是尽可能地理论联系实际。"企业招聘笔试侧重考查应试者的分析解决实际问题的能力,知识应用能力。"[1]校内考试重在测试考生的理论水平,应聘笔试则既重理论又重实践,大学生在答题时要尽可能地理论联系实际,以表现自己解决实际问题的能力。正如沈小艺所说,应聘"这种笔试主观题更要注意理论结合实际。"另外,找过去考试的卷子做参考以了解各类题型的特点也很重要,而这也是毕业生在校学习阶段备考的真经。因为命题的侧重点、命题人的偏好等等都会体现在过去考过的试题中。

---

[1] 赵永乐,等. 招聘与面试. 上海:上海交通大学出版社,2006年版,第112页.

十一、自主创业

 场 景 30

邵猛:大家听一下啊,我告诉你们,我们最好先别自己创业。因为我们属于三无人员,自主创业更难。

同学甲:那也不一定,主要看你适不适合自己创业。

高飞:就是说,首先得弄清楚自己,是骡子是马还是驴,是不?

同学乙:你得知道自己是谁,才能找准自己的定位。自强,你说是不?

张自强:是,有追求也得会追求。

 场 景 31

高飞:多多,你将来要自己干,你干啥呀?

米多多:我还没想好呢。

高飞:这项目可得选好了,除了个人条件之外,还得看创业地区和这个周边环境。一开始也不能贪大。

米多多:我明白,小步快跑,是吧?

高飞:那样风险小。

本片虽然以大学生就业为主题,但"创业是最高层次的就业",自主创业属于广义上就业的范畴。大学生创业有广义和狭义两种不同含义。狭义者即大学生自主创业,它是指大学生"为实现自我发展需要,利用个人或团队现有控制资源和自身能力,开创性地寻求机遇,创建企业或事业并谋求发展,以实现自我价值、经济价值和社会价值的过程。"[1] 广义者除包括狭义者外,还包括大学生岗位创业,它是指"大学生在各自的工作岗位上踏实工作,实现人与事的最佳组合,做出与自己的岗位和能力相匹配的成绩,奉献于社会,造福于人民,同时获取相应的报酬。"[2] 场景30、31中说的创业显然是指狭义的创业即自主创业。在场景30中,邵猛首先就在准备创业的同学们头上浇了一盆冷水——"最好先别自己创业"。他认为毕业生创业难的看法虽然正确但是过于绝对。造成毕业生创业难的原因有很多,通常而言包括社会环境因素、家庭因素、学校因素和毕业生个人因素等方面。邵猛所说毕业生属于"三无人员",即没有技术、没有钱、没有经验因而创业很难。这些都属于毕业生个人因素,毕业生在这些方面欠缺确实是造成他们创业难的主要原因。但这也并不是绝对的,毕业生中也有少部分人适合自己创业,这就要看其是否具备创业者的特质了。人贵有自知之明,自主创业者亦如此。自主创业是一个艰辛的过程,因此创业者一定会有有别于常人的地方。概而言之,创业者的特质可以概括为"智、勇、勤、俭、仁、健、诚、坚"8个字:智即智慧,这意味着创业者不仅

---

[1] 方伟. 大学生就业工作教师培训教程. 北京:高等教育出版社,2009年版,第273页.

[2] 张婷. 大学生职业规划与就业指导. 北京:科学出版社,2009年版,第320页.

要有丰富的知识,甚至最好还要有一定参与市场竞争的谋略;勇即勇气,商场如同战场也是"狭路相逢勇者胜",因此常常需要创业者具有超乎寻常的勇气;勤即勤奋,尽管创业按照其特点可以分为勤奋型、智慧型、关系型、机会型和冒险型,但其中只有勤奋型即依靠自己的勤奋努力创业才最为靠得住;俭即节俭,节俭是人类维持生存的要求,是持家之本和定国安邦之道,它在创业过程中显得非常重要;仁即仁爱,"仁者爱人"中的"爱人"在创业过程中就要以人为出发点和中心,注重激发和调动创业团队成员的主动性、积极性、创造性,实现人与企业共同发展;健即健康,自主创业经常要承受风险和压力,还需要到处奔波和夜以继日工作,因此必须有比常人更健康的身心;诚即诚信,诚信不仅是创业更是为人的准则,在商场上"小胜凭智、大胜靠德"说得就是这个道理;恒即持恒,创业经常要承受风险和压力甚至还将面对一次次的挫折,如果没有持之以恒的精神往往很难获得最后的成功。美国学者曾将创业者的特质归纳为9个"F",即创办人、抓住重点、决策迅速、机动灵活、不断创新、精简机构、精打细算、待人友好、充满乐趣等。就业过程中要认清自己,创业过程也是如此,要看自己是否具备适合创业的上述特质,准确定位。

创业项目的选择直接影响到创业成功与否,项目选择在创业过程中非常重要。米多多想自主创业但连创业项目都没选好,可见创业在她心中还停留在想法阶段。鉴于大学生群体的特殊性,大学生创业者可以根据以下标准选择创业项目:首选享受政策优惠的创业项目;选择初始投入资金较少,资金周转期短的项目;避免选择技术性过高的项目;选择处于成长期的项目,避开刚开发的新项目和完全成熟的老项目;谨慎选择小众产品的项目;重点考虑有特色的项目;雇佣人力较少的项目,等等。[1]大学生创业在项目选择上要考虑个人条件,也要了解所在地区和周围环境,与就业一样做到"知己知彼"才能"百战不殆"。但无论选择什么项目,正如场景31中所说"一开始也不能贪大",要"小步快跑",这样"风险小"。大学生创业企业大多为小微企业。"作为创办小微企业的创业者,成功必须遵守的原则是:志向要大,计算要精,规模要小。"[2]这也是现今比较流行的创业培训——SIYB在开始时告诫大家的。

十二、能力比学历更重要

场景32

女招聘人员:是你!

张自强:您……

女招聘人员:我是这个单位人力资源部的。那天你怎么悄悄就走了,我可后来一直在找你,想感谢呢!

张自强:不用,其实也没什么。

女招聘人员:是来应聘的?

---

[1] 奚国泉. 创业人才培养研究. 北京:清华大学出版社,2013年版,第196页.

[2] 田远芬,向辉. 创业之梦. 武汉:华中师范大学出版社,2013年版,第200页.

第二章 《与梦相约》：中国毕业生就业概览

张自强：对。

女招聘人员：那来看看我们这个岗位，看看有兴趣吗？总经理助理，原则上要研究生以上学历。

张自强：我是海大的普通本科生，可以吗？

女招聘人员：哦，这样啊。这样，你先把简历留下，我们更注重实际能力。

张自强：谢谢，这是我的简历。

女招聘人员：我们会好好考虑的。

张自强：再见啊。

女招聘人员：好，再见。

这段影片讨论了一个我们经常谈的话题，即"学历和能力哪个更重要"。从现实角度讲，能力比学历更重要。现在许多企业招聘都要求本科、硕士学历，应该说这本身是社会的巨大进步。但是必须指出的是，看重学历并不是看重学历本身而是其背后的学识和涵养，这才是看重学历的初衷，但现在有些企业已经违背了这个初衷。学历既不是能力的充分条件，也不是能力的必要条件，而只是一个相关条件，相关度如何对每个人来说也都是不一样的。拥有较高学历者未必拥有较强的能力。[1] 而且企业是以营利为目的的。从企业角度讲，员工的学历优势只有转化为现实

---

[1] 姚裕群，刘家珉．就业市场与招聘．长沙：湖南师范大学出版社，2007年版，第178页．

工作能力才能为企业创造更多的价值。在本片段中用人单位将招聘要求定在研究生以上学历，估计是考虑到总经理助理这个职位需要具备较高的素质和综合协调能力等，但这些都不是学历能代表的。而总经理助理这个职位也是需要丰富经验、从基层做上来的职位，应届研究生未必完全合适。场景33中张自强与男研究生在情景测试中的比拼中胜出就证明了这一点。不过用人单位也说是"原则上"，他们"更注重实际能力"，实际上他们也是这样做的。但是客观地说，他们定出并公布"研究生以上学历"这条招聘标准肯定也吓走了很多有能力的本科生。

十三、情景测试

场景33

陈总：你们好。

张自强：你好。

陈总：你们抽烟吗？

男研究生：不会。

张自强：这里不让吸烟。

陈总：哦。

张自强：你也是来应聘总经理助理的？

陈总：不是，我过来找个人……这个单位不错吧？

男研究生：好，挺好。

张自强：单位是不错，总感觉缺点儿什么。你们看啊，这么好的环境，要是再放一些书刊呀报纸啊，公司的介绍资

第二章 《与梦相约》：中国毕业生就业概览

料就更好了。这样客户等人的时候可以看一看，这对企业也是一种宣传。

陈总：你这人心挺细啊。

男研究生：那都是小事儿吧。

陈总：很多事情都是细节决定成败。

张自强：你是干什么工作的？

陈总：我原来也做过总经理助理，后来不干了。

男研究生：为什么，助理最后至少也应该是副总吧？

张自强：干好助理也不容易。

……

男研究生：这个问题理论上讲，我说的应该是对的。

张自强：不一定，我动手做过。实际操作才知道行还是不行。

陈总：是，我知道，不能只会纸上谈兵，一会儿我过去看看。好，你们坐吧，以后咱们有机会再见。

张自强：好，再见。这个人我感觉不对劲儿。

男研究生：这是个什么人啊？

女秘书：刚才我们陈总已经对你们进行了面试，决定录用张自强同学。

在这段影片中，陈总隐瞒了自己的身份对张自强和男研究生进行了一场情景测试。情景测试是现代员工招聘中的常用方法。"所谓情景模拟，就是指根据被试者可能担任的职务，编制一套与该职务实际情况相似的测试项目,将被试者安排在模拟的、逼真的工作环境中,要求被试者处理可能出现的各种问题,用多种方法来测评其心理素质、潜在能力的一系列方法。"[1]有些情景测试是在面试中进行的,有些情景测试是单独进行的;在大多数情景测试中招聘者与应聘者直接见面,但在有些情景测试中招聘者却隐蔽起来暗中观察应聘者的行为。片中用人单位招聘的岗位是总经理助理一职,理应由总经理对应聘者进行面试。但陈总隐瞒了自己的身份,以毫不相关者的身份通过与张自强和男研究生两位应聘者聊天的方式进行面试,招聘者与应聘者虽然直接见面但应聘者却不知道招聘者的身份,这还是属于招聘者隐蔽起来躲在暗中观察应聘者行为的情景测试。正是因为张自强和男研究生不知道陈总的真实身份,所以陈总才能更加了解到他们真实的一面。因此这种测试的效果往往是"此时无声胜有声"。应聘者无论是否处在面试过程中,只要其在面试场所内都必须时刻小心,否则自己将在不经意间被淘汰出局。

具体分析本片段的内容,陈总首先进来后就点火抽烟还问两位应聘者抽不抽烟,而会客室桌上明摆着"禁止抽烟"的警示牌。陈总"明知故犯"就是要考查应聘者的观察力——有没有关注细节即那块警示牌,关注细节是总经理助理需要具备的特质;另外也考查了应聘者是否能坚持原则,因为总经理助理在关键时候需要起到提醒总经理的作用。陈总进而又以"这个单位不错吧"为话题深入考查两位应聘者。从张自强的话语中可以看出张

---

[1] 郑海航,吴冬梅. 企业人力资源管理:理论·实务·案例. 北京:经济管理出版社,2007年版,第113页.

自强从进单位起就开始对单位进行了仔细的观察,并在观察之后还能对单位提出合理的改进意见;而男研究生竟然认为这些细节"都是小事儿"。然后陈总又以"我原来也做过总经理助理,后来不干了"为话题接着考查两位应聘者对总经理助理这个职位的认知和价值观。男研究生的话表现出他很急功近利,他认为总经理助理最后都会干到副总的位置上;而张自强的话则表达了他对这个职位今后艰辛已经有足够的认知,"干好助理也不容易"。最后张自强和男研究生因为一个问题而产生了分歧。男研究生认为从理论上讲他是对的,尽显了他的书生稚气;而张自强却说他动手做过、实际操作过后才知道行还是不行,表现出其较强的动手能力和脚踏实地的作风。陆游在《冬夜读书示子聿》中写道"纸上来得终觉浅,绝知此事要躬行",恰是对两者的生动写照。

十四、无领导小组讨论

 场景34

男招聘人员:好,现在我们进行一个问题的集体讨论。有这么一行人,乘船远行去科学考察。船到深海处遇到险情,必须减轻载重。食品、通讯工具和考察器材,应该扔掉什么?请大家各抒己见。

梁天宇:我认为吧,首先应该丢掉考察器材,因为保留食品跟通讯工具我们就能生存。

男应聘者:我认为应该首先丢掉一些食品。因为险情也许……

梁天宇：对不起、对不起，我补充一下，这个考察器材也可以保留一部分。

女应聘者：我倒是觉得应该分析一下险情的程度……

梁天宇：对不起、我再补充一下，这个……

　　本场景中男招聘人员所说的集体讨论就是无领导小组讨论，这也是现在人才测评中常用的方法。"它是将被试者按一定的人数编为一组，不确定会议主持人，不指定重点发言，不安排会议议程，不提出具体要求，根据考官提供的真实或假设的材料，就某一个指定的题目进行自由讨论。"[1]很多毕业生特别是非管理类毕业生并不很了解这种测试方式，存在很多认识误区。如有人认为发言应越少越好，因为"言多必失"；有人认为不要首先发言，因为"枪打出头鸟"……那么究竟应如何应对呢？首先并非发言越多越好而要看发言质量如何，重点看能否抓住问题的关键并提出合理的见解；其次是也不能只顾自己发言，因为主测者还想了解你能否懂得听取别人的意见，是否能尊重他人的看法，能否注意语言表达和与团队成员沟通的技巧；再次在小组中你要勇于坚持己见，勇于发表不同意见，并支持或肯定别人的合理建议；甚至你还要善于消除紧张气氛，并说服他人和创造积极融洽的气氛；最后你对招聘者提出的问题还要有分析判断、反应、自

---

〔1〕廖泉文．招聘与录用（第2版）．北京：中国人民大学出版社，2010年版，第131页。

控等能力以及宽容、真诚等品质。

从片中梁天宇的表现看,他在这场无领导小组讨论中是完全失败的。一方面,他在对招聘者提出的问题没有思考成熟也没有听取其他应聘者对该问题的见解下就抢先发言,试图先发制人但结果却适得其反;另一方面,他在听到其他应聘者不同的见解后又打断别人的发言,不是坚持己见而是有所动摇,显得既不礼貌又随波逐流、没有主见。其实很多无领导小组讨论问题都没有标准答案,招聘者试图从应聘者的回答中考查他们某方面特质。例如本题主要考查的就是应聘者的职业价值观。美国学者埃德加·施恩又称其为职业锚,"是指当一个人不得不做出选择时,无论如何都不会放弃的那种至关重要的东西,它是人们内心深层次价值观、能力和动力的整合体。"[1] 本题假设海上遇险,要求应聘者在扔掉食品、通讯工具和考察器材中做出选择,实际上就是从反面考查应聘者的价值观,即从反面考查应聘者无论如何都不会放弃的是什么。在这个测验中,食品代表生存,属于从马斯洛需要层次论上的低层次需求,应聘者如果选择留下食品代表他是为了生存而工作的;考察器材代表理想——这一行人是去科学考察的,应聘者如果选择扔掉考察器材代表他很容易放弃理想,梁天宇就是如此;扔掉通讯工具代表应聘者有置之死地而后生的勇气。当然这些只是我们的一孔之见,意在引起大家注意。

---

〔1〕 [美]埃德加·施恩. 职业锚:发现你的真正价值. 北森测评网译. 北京:中国财政经济出版社,2004 年第 1 版,第 3 页.

十五、结　语

《与梦相约》作为以大学生就业为主题的电影，片中与主题有关的看点非常多，几乎随处可见，因此我们将其称为中国大学生就业的"全景式教科书"。我们认为该片可以归为大学生就业的宣传片之类，与其他兼及大学生就业问题的文艺片（如《至我们即将逝去的青春》）、惊悚片（如《终极面试》）那样有着引人入胜的情节，但在基本上涵盖了中国大学生就业的所有问题，对高校就业指导工作具有重要价值。

第三章
《毕业之后》：国外毕业生就业一瞥

导　　演：薇琪·詹森
主　　演：阿丽克西斯·布莱德尔　扎克·吉尔福德
上映时间：2009 年
出品公司：福斯探照灯公司

影片简介：

　　面对着浩大而不可预知的未来，刚刚拿到了英语言文学学位的雷登·梅比自信满满。她觉得自己可以在《毕业生邮报》里找到一份体面的工作。可是美国本科毕业生的就业形势却并不那么乐观。她来到了洛杉矶，怀着满腔热情接受了面试。这里的一切都让梅比着迷：顶级的出版集团、宽敞明亮的办公室；不过，其他东西却出乎雷登·梅比的意料，乱糟糟的人际关系、忙碌杂乱的城市生活，这一切都和学校生活有很大区别。面试的结果却并不尽如人意，她被无情地刷掉了。梅比的大学同学同时也是她学业上最强劲的竞争对手杰西卡·巴登成功获得了本属于她的职位。失去了梦想和经济来源，梅比顿感现实的残酷，可是更残酷的事情还在后面。没有钱她无力支付自己房子的租金，无力购买任何生活必需品，于是她只好打点行装回到了自己家中。不幸的是梅比这个看起来圆满的的家庭其实也并不幸福。她的爸爸沃尔特是一个有满脑子不切实际幻想的计划家，他从来不将自己的计划付诸实施；而她的妈妈则为自己的女儿回家而异常兴奋，回到了家中的她受到了母亲的溺爱；她的祖母要靠氧气机才能维持生命，这个老太太每天躺在床上计划着自己的葬礼；而她的小弟弟亨特还在着迷于自己的玩具。即使梅比降低了标准，就业之路也充满艰辛，她的求职屡屡失败。在爱情方面，她的好友亚当一直在她身边支持她、鼓励她以及默默地爱着她，但她却没有珍惜。直到亚当离开后她才发觉对方的重要。大学生活改变了梅比的很多想法，她开始重新考虑幸福和生活的真谛。她在得到了梦寐以求的工作后，面对爱情还是选择了放弃工作去追寻自己的幸福。〔1〕

现在很多中国大学生都有种"外国的月亮比中国圆"的心理，认为国外经济发达，大学生就业应该不成问题。但这部又名为《毕业生生存指南》的影片，却为我们揭示了"中国外国月亮同样圆"的道理——大学生就业不论在国内外都很难。"'大学生就业难'问题在不同的国家以不同的形式存在着。在发达国家，由于经济增长速度较低，而教育事业发达，众多的高校毕业生主要由于没有工作经验而不能够马上就业。在发展中国家，由于市场提供的就业岗位有限，大学生就业同样存在下降的情况。因此，无

---

〔1〕摘自"时光网"，网址：http://movie.mtime.com/79128/plots.html，略有改动。

第三章 《毕业之后》：国外毕业生就业一瞥

论是在发展中国家，还是在发达国家，高校毕业生就业难问题都属于市场经济的正常现象。"[1] 本片反映了一位美国女大学生求职的心路历程，其中很多细节都值得我们仔细品味、认真揣摩。

一、美国毕业生就业的特点

 场景35

梅比：当我还是孩子的时候，我就设计了这个计划，我给这个计划起名为"The Plan"……总之，这个计划非常简单：第一，高中拿优异的成绩，这样我才能……第二，拿到大学丰厚的奖学金；第三，少玩游戏，以保持奖学金，并且……回到我宏伟的计划上来；第四，也是最重要的，在洛杉矶最好的出版社哈伯曼&布朗宁得到一份完美的工作。我坚信在那里，下一部美国最好的小说将诞生。好了，这就是我的计划。

 场景36

沃尔特：宝贝，现在你要出去找工作了……，或许你应该回来和老爸一起干。

亚当：呃，她把一切早就安排好了。告诉他们那个面试。

梅比：在哈伯曼&布朗宁，周一早上10点钟。

---

[1] 葛新权. 北京知识管理研究报告（2010）. 北京：方志出版社，2011年版，第152页.

场景 37

梅比：让我想想，我没车，我没找到工作，而且我还和父母住。

里科·雪富：好，生活在梦想里。

梅比：嗯。

里科·雪富：不错。

梅比：是，毕业之后，事情没有像我想象地那样发展。我曾想现在的生活应该很精彩了，或者至少有事情可做了。

场景 38

沃尔特：你确定不要休息休息，明天早上再考虑考虑吗？

梅比：不用了。仅仅是出于好奇，您觉得我的选择正确吗？

沃尔特：嗯，你知道，当你还是个孩子的时候，你就把自己的生活安排得很好。你知道，你有好成绩，你把房间打扫得干净整齐，你也乖乖地吃蔬菜。这么说吧，我总觉得这有点麻烦。因为，宝贝，这个世界很扭曲，并没有什么游戏规则。所以如果你问我是否是个好主意？呃，关于辞职，离开你唯一的家并且去3000里以外的你从没有去过的地方。我觉得这是你最牛的决定。因为我觉得无论你在哪儿，你都能活得精彩。

梅比：谢谢，老爸。

第三章 《毕业之后》：国外毕业生就业一瞥

从上述片段中，我们可以看出梅比从小就是个有计划的人，而计划性也是当今美国毕业生在就业准备方面的一大特点。美国毕业生就业主要有两个突出特点：一是及早规划，培养能力；二是不急于求成，不企求一步到位。就前者而言，在当今美国社会体制和主流价值观念影响之下，毕业生通常认为能找到什么样的工作是个人能力的体现，而不会归结于他人更不会归结于社会。但我国大学生在这方面常常怨天尤人，将就业难的原因归于社会、学校、家人等外在因素，而忘了"内因是事物发展的根本原因"的基本道理。在这方面，美国毕业生却恰恰相反。美国毕业生往往把就业看作是个人的事情，早早就为自己的未来作打算，进行长远规划，而片中的梅比就是例证。就后者而言，美国毕业生在就业时也并不急于求成。在许多美国大学生眼中，理想应是从现实做起，暂时找不到好工作，并不等于失去理想。"美国某大学生就业服务网站进行的一次民意调查发现，80%的受访者都认为，'首先是要有活可干'，'找工作应该是有活就干'。"[1] 片中的梅比也是毕业后才开始找工作的。而我国现在很多毕业生显得急于求成，还没毕业就开始急着找工作；甚至还影响到了自己最后的学业，得不偿失。但应指出的是，梅比可能并不知道"计划赶不上变化"的中国俗语，她早已经规划好的人生在残酷的社会现实面前化为泡影。就此而言，她父亲沃尔特那句话"这个世界很扭曲，并没有什么游戏规则"似乎有些道理。中国毕业生就

---

[1] 王宇. 大学生职业生涯规划与就业指导. 北京：中国中医药出版社，2007年版，第16页.

业时不仅要学习美国毕业生的计划性,而且还要具备更多的应变力和适应力。

二、私人推荐

场景39

梅比:在哈伯曼&布朗宁,周一早上10点钟。而且我论文的导师是那儿主编最好的朋友,而且已经帮我美言过了……

场景40

芭芭拉:杰西卡·巴德?

杰西卡:芭芭拉,幸会。

芭芭拉:幸会。布伦瑞克院长刚在电话里提起你,很高兴你能来面试。

目前中国毕业生在就业上主要靠学校推荐,而西方国家毕业生在就业上较多青睐私人推荐。如片中在应聘哈伯曼&布朗宁时,梅比的论文导师和杰西卡的布伦瑞克院长就分别为他们俩进行了私人推荐。某些知名企业更喜欢接受有私人推荐的毕业生,因为他们也相信"人以类聚、物以群分"。"如果聘用单位曾有人向你推荐过某个职位,将这一事实写入,并提及这些人的姓名、

第三章 《毕业之后》：国外毕业生就业一瞥

部门和职位，特别是对于名人推荐更应如此。因为一个受重用的人或其他来源进行的私人推荐是难以驳回的。人们都倾向于'物以类聚'的观点。如果推荐者品学兼优，被推荐者自然也精明强干。"[1] 当然最熟悉毕业生的还是他们的老师，特别是知名度高的教授。如果能获得他们的推荐，毕业生求职的成功率要高出很多。举例而言，"1984年东芝雇佣的700名毕业生中55％是学电子的，并且大多数是教授推荐的。教授推荐的这些学生要经过东芝公司的录用考试，通过的学生达85％。"[2] 目前随着全球化浪潮的席卷和我国对外开放的深入，很多国内毕业生将求职目标定位于外资企业和跨国企业，因此要更注意在这方面与国际接轨。也有影评认为熙熙攘攘的顶级出版社内，满怀信心的梅比在面试时被冷冰冰的面试官无情的潜规则，尽管梅比有光鲜的简历与坚定的理想，工作机会却仍然被抢走，原因就是"别人有后门"——杰西卡是布伦瑞克院长推荐的。

三、毕业生就业难

场景41

梅比：嗨，我是雷登·梅比。10点钟我和芭芭拉·斯纳夫预约了面试。

---

〔1〕孟洪武，柳建营．职业生涯规划与指导．北京：中国传媒大学出版社，2011年版，第155页．

〔2〕[英]约翰·劳瑞曼，[日]风城尚志．教育、培训——企业成功的钥匙．薛凌，译．北京：科学出版社，2001年版，第72页．

前台：哦，面试实际上12点钟才开始。你先填一下这个表格，然后和别的申请人坐在那边，好吗？……斯泰西·摩尔？乔·史雷德？卡洛琳·赫希？杰弗瑞·比乐斯？金佰利·瑞斯？贝斯·布兰顿？巴丽·金科斯？格雷格奥布莱恩特？雷登梅比？

   场景 42

梅比：我可以做另一份工作的，这不是个问题。我是大学毕业生！

物业人员：哦，我还真不知道你是个大学毕业生。

   场景 43

杰西卡：我总是接到电话，只好说"谢谢，但是……，我已经签了哈伯曼&布朗宁。给我个更好的职位，或许我会考虑考虑。"

亚当：你们都签了哪儿？

女同学甲：我？

亚当：当然。

女同学甲：嘉信证券，各位。

男同学甲：我去了圣何塞，硅谷。

亚当：哦，真棒。你是要去？

女同学乙：药学院，下个月。那么，你要做什么？咋打算？

亚当：可能去哥伦比亚大学，还没定。

女同学甲：很好，能多晚工作就多晚工作。

第三章 《毕业之后》：国外毕业生就业一瞥

杰西卡：雷登，你呢？去了哪儿？

梅比：嗯，我只是……我还在面试。各种各样的面试，刚有了些好机会，但是还没有选定。

杰西卡：所以说你还没工作喽？

梅比：天，我真太失败了。所有人都有事做了，就剩下我这个可怜的失败者。

 场景44

沃尔特：这个就像转球。你要学会接住转球，生活和工作就是棒球。不能再垒上休息，你要不断去尝试。

梅比：但是我已经很努力地试了，人才市场我都跑遍了。我一大早起，寻找一切机会，去找一份工作。但是你知道，那些面试有多变态吗？每一场都要认真地准备，可我连个固定的交通工具都没有。这都怪你拿我的车做科学实验，所以，我真不想听到你说我还没有努力。

沃尔特：那，或许是你目标定得太高了？

梅比：真的？那你认为我应该把目标定在哪儿？

"在美国这样一个高竞争、高变化的社会，大学生的择业是一件十分令人担心而又难以预测的事情。"[1] 梅比原以为她有论

---

[1] 史静寰，熊志勇．美国大学生．太原：山西教育出版社，1993年版，第32页．

文导师的推荐,就职哈伯曼&布朗宁就如同探囊取物,以至她在应聘之前就租下了其附近的复式公寓,而且还在表格的职位一栏填了"哈伯曼&布朗宁"。但在场景六中,应聘哈伯曼&布朗宁的竞争非常激烈,申请人坐满了候试区,时间从上午十点持续到下午四点。前台一个个申请人的名字叫过,相信梅比心中的感觉应该就像高明骏和陈艾湄合唱的那首《我悄悄的蒙上你的眼睛》中唱到的那样,"从 Mary 到 Sunny 和 Ivory,却始终没有我的名字",心烦意乱。

场景 42 中,应聘哈伯曼&布朗宁失败的梅比自然租不起复式公寓,但是她还心有不甘。面对物业人员,她还再强调自己是大学毕业生,找另一份工作做不是问题;而物业人员则略带嘲讽地说:"哦,我还真不知道你是个大学毕业生。"众所周知,随着高等教育的大众化,大学生早已褪去"天之骄子"的光环,而是越来越多地作为社会普通劳动者在市场上就业,大学生已经没有什么了不起的了;而在高等教育更加大众化的美国,大学生就更没有什么了不起的了:不仅从事什么职业的都有(其中有些职业是我国大学生所不齿的),甚至连找不到工作的暂时性失业也很常见。因此梅比自称自己是大学生,被物业人员嘲讽也很正常。

场景 43 中,梅比参加同学聚会,大家讨论起各自的工作。杰西卡进了哈伯曼&布朗宁,有人进了证券公司,有人去了硅谷,还有人继续升学到药学院或法学院,唯有梅比却还在找工作。特别是杰西卡那句"我已经签了哈伯曼&布朗宁。给我个更好的职位,或许我会考虑考虑"更是让梅比备受打击。她甚至对亚当说:"天,我真太失败了。所有人都有事做了,就剩下我这个可怜的失败者。"仅仅是没有找到工作嘛,为何梅比会有这

第三章 《毕业之后》：国外毕业生就业一瞥

么大的反映？这源于工作对人的重要意义。它主要表现在五个方面：工作是现阶段人的生存之道；工作是人生历程的重要内容；工作是人们获得幸福的源泉；工作是展示人生价值的舞台；工作还是人的一种自尊需要。而场景 43 体现的主要是第五方面，即工作是人的一种自尊需要。"在现代工业社会，一个习惯了每天上下班的人失业后，即使其他需要的满足并没有受到明显的影响，也可能会产生巨大的心理压力，以致产生精神疾病。因此在现代社会，就业似乎成了人的基本需要……在现代社会，就业需要如果不能得到满足，很可能使人的身心受到严重的损害。"[1] 眼看同学们都有了好的归宿，大学期间成绩优异的梅比却还没有找到工作，甚至还被杰西卡羞辱，这让梅比觉得更没面子。眼看同学们基本都找到出路了，这时雷登还在寻找着目标。其实有些东西真的羡慕不来的，有些人一生下来就是百万富翁，有些人刚能勉强解决两餐温饱的问题。因此，应该把无谓的羡慕转化为奋斗的动力，不弃不馁，跌倒重新站起来、百折不挠，这才是受人欣佩的做法。

场景 44 中，梅比的话反映了她求职的艰辛。"人才市场我都跑遍了。我一大早起，寻找一切机会，去找一份工作。"而且每一场面试她都认真准备了。这足以证明她已非常努力了。但是客观上说，在求职中有时并非你拼尽全力就一定能成功的，有时还有可能出现其他问题。梅比的父亲沃尔特就提醒女儿"或许是你目标定得太高了"。梅比在开始找工作时确实有点"心比天

---

[1] 杨伟民.社会政策导论（第 2 版）.北京：中国人民大学出版社，2010 年版，第 34 页.

高"——自认为自己成绩优异,哈伯曼 & 布朗宁这样的知名企业就一定会录用自己;但她最初的结果却也有点"命比纸薄"——不仅哈伯曼 & 布朗宁没录用她,就连去其他公司求职她也是四处碰壁。另外,梅比在应聘时有时也太口无遮拦。例如,她在应聘时问副总是不是怀孕了,而那位副总仅是胖而已。找工作有时还要靠运气。开始本应属于梅比在哈伯曼 & 布朗宁的工作被杰西卡"抢走",后来杰西卡因个人原因被炒原属于梅比的岗位又"回到"她手中,这就是运气的表现。常言道"机会只光顾有准备的头脑",梅比若不能从屡次失败中汲取教训,不断完善自己,即使哈伯曼 & 布朗宁把"球"抛给她,她也接不住。

四、面　　试

场景 45

梅比:您好。

芭芭拉:请坐。

梅比:谢谢。

芭芭拉:好的,你……刚毕业,是吗?

梅比:是的,我。

芭芭拉:专业?

梅比:英语,重点研究……

芭芭拉:方向?

梅比:传媒。

芭芭拉:实习?

梅比:我有过3次实习,分别在企鹅出版集团、兰登书屋和时代华纳。

芭芭拉:你为什么想做这份工作?

梅比:因为这不仅仅是一份工作。这是我所喜爱的,也是我所擅长的。当我11岁时,在夏令营,所有孩子都在湖里玩。我却捧着本《麦田的守望者》,因为我看不够里面的主人公霍藤·考尔菲尔德。在13岁时,布科夫斯基的《邮局》,那是我看过的印象最深也是最不适宜的书。它就像性教育,只是全是下流的脏话。我想我的意思是,那些书是我的全部,也是我的至爱。而且,我想要这份工作是因为我无法想象自己去做别的事情。

芭芭拉:好的,谢谢你能来。

梅比:好了,谢谢。

 场景46

梅比:今天一定要得到份工作,今天你一定能得到工作。缺乏经验,我就用想象力弥补。对于我不知道的,我用激情来弥补。我奋发努力,主意很多。我很乐观,最重要的是,我对你们公司的工作极度充满热情。

女面试官:真的?比如说?

梅比:……

场景45中,几句简短的寒暄后招,应聘方就直奔主题。芭芭拉首先了解了梅比的专业和研究方向,然后问梅比的实习经历。梅比有在知名企业的实习经历,企鹅出版集团、兰登书屋和时代华纳都是叫得响名字的知名传媒企业。"工作经验代表着对工作、工具、目标等工作要素的理解和掌握。如何能够让更多的高校毕业生了解社会、了解工作、了解职业,实习是一个好的方式。"[1] 特别是能够在知名企业实习更是毕业生能力的最好证明。接着芭芭拉问梅比"你为什么想做这份工作呢?"目的是想了解梅比应聘这一份工作的动机。这句简单而直接面试问句有时的确会让人感到不知所措,梅比也没想太多,直接地把自己的真实想法告诉了芭芭拉——她喜欢小说,从小就埋头偷偷地看着小说,她渴望能从事图书编写方面的工作。除此之外,她不能想象自己还能从事怎样的工作。确实,在刚毕业时大多数人都希望能从事自己喜欢的工作,但因为现实的原因有些人放弃了不成熟的想法;有些人十分顽强,总是屡次地为自己初衷而奋斗着,也许不久之后有些人转变了心态了,他们这样做并不代表向现实低头。因为如果连自己的温饱问题都解决不了,那么还应该执着追求那些所谓的远大理想吗?显然,面对现实而做出适当改变才是正确的做法。梅比首次应聘落败,原因一则可能是如前文所述有影评者认为她被职场潜规则了,二则也可能是由于她自己的表现。她说"那些书是我的全部,也是我的至爱。而且,我想要这份工作是因为我无法想象自己去做别的事情。"其原意是想表现

---

[1] 方伟. 大学生就业工作教师培训教程. 北京:高等教育出版社,2009年版,第122页.

自己对书的钟爱,但在表达上显得过于夸张和极端,容易使招聘方认为有失真实。而且对工作仅只有兴趣是不够的,工作也不能仅靠兴趣支撑,但是梅比在这里却仅仅只强调了她的兴趣而没有谈别的什么,比如说能力、经验。

在场景46中,梅比第一次面试的小说编写工作迟迟没有回音,急需一份工作的她很是心急。她面试另外一份工作时,对女面试官说自己对于这份工作很有激情,女面试官非常高兴,接着就让她说说具体的如何激情。而这时她却哑口无言了,女面试官心中自然不爽。我们建议毕业生在面试前做好必要和充分的准备,要了解面试的公司并对自己应聘的职位有相当的了解,"成功总会留给有准备的人"。与此同时,诚信也非常的重要,但不加修改的回答却是不值得学习的,避重就轻不等于说谎话。企业会喜欢聘用那些聪明而机智的人。就算应聘者有很高的学历和丰富的社会阅历,但他不善于"转弯"思考,遇到敏感的话题时不懂得修饰自己的回答,很容易会犯下错误,甚至给企业留下不好印象。不过梅比有一句话倒是说得很好:"缺乏经验,我就用想象力弥补。对于我不知道的,我用激情来弥补。"值得大家好好品味。

五、适应职场

场景 47

杰西卡:你想要炒我,行,我不在乎。我会翻身的,而且我会回来,击垮你。

场景 48

罗伊德：那么，这儿就是你的家了。那是邮车。

梅比：好，不错。有什么需要我做，需要我看的吗？

罗伊德：不，阅读材料得用你自己的时间。杰西卡文件编档做得一团糟，所以你得先接下她的烂摊子。

梅比：明白了，杰西卡到底怎么了？

罗伊德：我和她之间有一些误解。你知道，我以为她为我工作，她认为她在运营这家公司。

梅比：很像杰西卡的作风。

罗伊德：嗯。

这两个场景充分说明了职场适应问题。俗话说"打江山易、守江山难"，其实毕业生就业也是这样的。通过招聘被录用还仅仅只是就业的第一步，如果大学生无法很好适应今后的职场工作，就会因自己主动辞职或被企业辞退而离职。片中的杰西卡就是如此。究其离职原因，罗伊德说："我以为她为我工作，她认为她在运营这家公司。"言下之意是说杰西卡太自以为是，在工作中总是把自己当老板，而实际上她只是个员工。而且这种自以为是似乎她在大学时期就已养成，不然作为其大学同学的梅比也不会说这"很像杰西卡的作风"了，本片中对此也有很多的反映。杰西卡就错在还在把工作单位当学校，认为在校表现优异的她在职场也可以颐指气使。更加要命的是，杰西卡临走时还大放

第三章 《毕业之后》：国外毕业生就业一瞥

厌词："你想要炒我，行，我不在乎。我会翻身的，而且我会回来，击垮你。"许多大学生在毕业后都将离开校园、进入职场、走向社会，这无疑将是人生的重大转折——他们从此将告别"学生"身份，开始以"职业人"的面貌示人。对初涉职场和社会的大学生而言，他们面临的首要问题就是要尽快适应职业和社会。人在一生中总要扮演各种各样的角色，一生中都处在角色的不断变换之中，各种角色都对人们有着不同的具体要求。对大学生而言最大的角色转变就是从学生到职业者的转变。因为绝大部分学生在此之前并没有真正就业过，他们并不明白学校和职场、学生和职业者之间到底有什么差别，因此在这个角色变换中往往极不适应，从而表现出了许多职业上的不适问题。大学生应当极早地意识到这个问题，不断地调适自己的职业角色，不断地培养自己的职场适应能力，从而顺利地完成从学生向职业者的转变。"从进入工作世界到获取单位正式成员资格，不仅取决于通过大学学习所具备的知识、素质和能力基础，更是与作为实习生所接受的基础培训经历及其成效有关。基础培训的主要任务有两项：一是了解、熟悉组织，接受组织文化，克服不安全感，学会与人相处，并融入工作群体；二是适应日常的操作程序，承担工作，成为组织中的有效成员。"[1] 毕业生谁能越快完成从学生到职业的转变，谁就越能在职业发展中抢得先机；反而言之，谁无法适应这种转变谁就将在职业发展中落后。杰西卡先被哈伯曼 & 布朗宁聘用而后又被炒就是例证。历经数次职场受挫后的梅比，在入

---

[1] 杨礼宾. 大学生职业辅导. 苏州：苏州大学出版社，2009 年版，第 86 页.

职哈伯曼&布朗宁后却与之明显相反,对此影片在接近末尾时对此都有描述。

六、结　语

毕业通常是美好的,而这部名为《毕业之后》的影片,则为离校后遇上就业困难的毕业生补上了重要一课,那就是生存。列夫·托尔斯泰曾说:"幸福的家庭都是相似的,不幸的家庭各有各的不幸。"国内外社会经济发展情况不相同,毕业生就业在很多方面也有差异,但在面对就业难、职场适应等方面却是相同的。相信中国的毕业生也能从这部反映美国毕业生就业的影片中获得某些启示。

附:

国外毕业生就业面面观[1]

大学生就业难已成为全球日益关注的社会问题。其实,无论是发达国家还是发展中国家,都普遍面临着大学生就业的新问题。只是各个国家的文化背景不同,就业的路径也各不相同。

·**法国**

大学毕业生找第一份工作时最重视的是什么?在法国大学生

---

[1] 根据《青岛日报》《新闻晚报》《张家港日报》《中国劳动保障报》《闽南晚报》《羊城晚报》《北京人才市场报》等报刊的报道编写。

第三章 《毕业之后》：国外毕业生就业一瞥

的答案中,"工资收入"这一因素的排名相对靠后。不过,他们最重视的是工作是否符合自己的兴趣。法国大学生最看重的因素按照重视程度排名前5位的依次是工作令自己感兴趣、良好的工作环境及氛围、在公司发展的前景、工作中有自主权、个人生活与工作达到平衡。工资收入在大学生们考虑就业时排名第六位。

· 俄罗斯

俄罗斯是高等教育普及程度较高的国家,高中毕业生进入大学的比例很高,通过各种途径获得高等教育的居民占全国人口总数的38.6%,因此跨入大学校门往往只是被看作成年生活的起步。目前俄罗斯高校毕业生的就业情况同学校的知名度、所学专业等诸多因素相关。统计表明,目前冶金和法律两个专业在市场上最走俏,社会对通信和交通方面的人才需求量在急剧上升。相比之下,艺术、体育、经济专业的毕业生的就业安置较为困难,很多人不得不到其他行业寻找工作,所从事的工作和所学专业相去甚远的大学毕业生比比皆是。他们往往在毕业后根据自己的实际工作需要再进行相关专业的再学习和再培训。俄罗斯毕业生未能就业的原因主要是期望值过高。俄罗斯经济近年来出现了较为强劲的发展势头,社会为大学毕业生提供的就业机会也越来越多。但从总体上看,大学毕业生就业市场依然供大于求。俄罗斯教育部第一副部长基谢廖夫认为俄罗斯并未出现人才过剩现象。目前虽然有受过高等教育的人在失业救助中心登记,但他们大都是工作过多年的老大学生。年轻人大学毕业后未能就业,主要是因为他们对工作的期望值过高。如果一定要将高薪、体面、有发展前途作为择业的标准,是很难找到一份理想工作的。

·瑞典

近两年来,瑞典经济受欧美各国经济衰退的影响,增长乏力,失业率已从2001年的3.6%上升到现在的4.8%。以往号称大学毕业生乐园的爱立信等大公司纷纷裁员。面对劳动力"买方市场",瑞典大学毕业生不得不调整自己的就业预期,找工作的态度由被动变主动。过去一些院校,如瑞典皇家工学院、斯德哥尔摩商学院等,企业上门求才,大学毕业生则待价而沽。现在形势变了,单位用人要反复挑拣,一个招聘岗位往往引起二三百人前来应聘,竞争异常激烈。为此,大学毕业生不得不到处搜集有关公司的人力资源信息,翻看招聘广告等。另外,许多大学在学生毕业前都提供半年的实习期。如果学生急于找工作,他们就会利用这半年时间好好表现,实习期满毕业后如双方满意,企业就可能留人。据瑞典宇宙传播咨询公司的调查显示,与前几年相比,大学毕业生不再对薪水提出过高要求。IT专业的大学毕业生对刚进公司的月薪要求已降到了2.17万瑞典克朗(1美元约合8瑞典克朗)。大学毕业生当然期望每周工作40小时,但现在46小时也能接受。以往,他们不愿意到自己认为很烦闷的岗位工作,如政府机关、税务部门等,而现在则认为政府部门的工作比起那些经常裁员的大公司要安稳得多。对一些岗位仍不愿降格以求。从宏观就业形势来看,瑞典现在缺少的不是工作岗位,而是缺少大学毕业生看得上眼的工作岗位。瑞典许多产业领域长期处于劳动力缺乏状态,如医生、护理人员、幼儿教师、专业技师等。这种情况对瑞典社会福利体系的完善也是个很大的威胁。然而,对于这些冷门而待遇相对一般的职业,大学毕业生是很少降格以求的。

·印度

印度每年约有 230 万普通高校毕业生参加工作，目前在印度找到一份理想工作依然是个近乎奢侈的梦想。大多数人的首份工作工资还不到 8000 卢比（1 美元约合 45 卢比），有许多人会选择去参加政府公务员考试，尽管通过率不到 0.5%，但他们依然乐此不疲。有材料表明，目前就全国而言，印度普通高校毕业生能有 10% 的人找到自己理想的工作已经是高估，他们当中除了部分人决定考研究生继续深造外，绝大多数人迫于生活压力不得不调整心理预期。一些学生甚至放弃专长或屈就一些根本不需要高学历的职位，使得社会上出现了越来越多的大学生售货员、大学生司机。印度媒体在一篇报道中说，一位从印度名牌学府德里大学毕业的艺术专业学生，竟然在路边摆摊卖起了箱包。也有学生在毕业后半年的时间里依然找不到工作。印度发达的高等教育体系与相对迟缓的社会经济发展之间的脱节正在逐年拉大，整个社会正面临历史上从未有过的大学生就业压力。近年来，印度在经济不振、人才需求下降和高校毕业生逐年增多的压力下，大学生就业越来越困难。

·巴西

巴西大学毕业生规模增长速度迅猛。大学生普遍认为毕业后只能先就业后择业，不管对工作是否满意，都要先干起来，逐步积累工作经验，一边工作，一边寻找自己所喜爱的工作。虽然小企业和服务行业这些单位收入低，工作流动性大，但在目前的就业形势下应聘者却只增不减。巴西劳工就业部的一位官员指出，巴西政府对大学毕业生就业并没有特别优先的政策。无论毕业于公立大学还是私立大学，毕业生都与其他青年一样，必须遵守劳动力市场法则，自我解决就业问题。

· 日本

对面临毕业的日本大学生来说，每年的 1 月至 4 月底，是决定其一生发展有无好的起点的关键。在此期间，他们要忙于寻找就业单位，应对各种用人单位的招聘考试。据有关调查资料显示，平均每名求职大学生要经过 16 家公司的笔试、面试等各种各样的考试，最后落实到具体人身上则是几家欢乐几家愁。有的人自身条件好，可能会被多家公司抢着要；有的人条件差，跑断了腿也无人问津。日本大学毕业生每年有 1/4 找不到工作，即使辛辛苦苦通过各种考试找到了工作，因感觉不理想在工作 3 年内辞职者也达 30％。在日本，很多学生从一年级开始就接受就业指导，分析自己的长处和缺点，寻找适合自己干的工作。此外，在填写求职申请时注意推销，用简洁的语言写出自己的闪光点，用人单位面试时一般会根据申请者的愿望提问题，怎样回答都要预先准备。日本企业的用人观念也在变化。一味服从的人越来越不能适应新的形势，有理想、独立性强、有创造力、有干劲的人越来越受欢迎。特别是一些风险企业，大多是经营高新技术，无成功经验可循。由于风险企业刚开始一般摊子不大，新进人员很可能要独当一面，创造力更是关系到公司的生死存亡，这又从另一方面对大学生如何塑造自我提出了更高的要求。在日本，企业普遍实行终生雇佣制，对于日本大学生而言，找一份理想的工作就像一场战斗。日本的外资企业往往最先召开招聘说明会，每年10月左右在其公司网页上公布信息。与求职网不同，公司网页上有时会要求求职者写一些规定字数的作文。只有通过了"书面审查"这关才有资格参加笔试。一些国际著名企业的笔试难度相当大，考试科目有日语、数学、逻辑、英语等。为了准备笔试，很多大学生刚上三年级就购买相关书籍"闭门练功"，通过了笔试才算真正有机会和用人单位接触。日本毕业生要指导工作，一般都要历经用人单位至少3次以上面试，面试五六次也不足为奇。据厚生劳动省统计，2005年日本大学本科应届毕业生的就职率为77.4%，其中男性就职率高达78.9%，女性为75.5%；而短期大学的就职率则较低，仅为50%左右。

· **韩国**

据韩国教育开发院统计，四年制大学毕业生中，已经就业的人数仅占56.4%。为顺利找到工作，许多大学生都会参加各种培训。就业网站JobKorea进行的一项调查显示，53.2%的大学生接受过就业培训，人均费用达到164万韩元（100韩元约合0.83元人民币）。最热门的培训项目是英语会话，此外，还有各类国家等级证书、电脑操作培训等。韩国就业综合网站"joblink"进行的一项问卷调查表明，从申请到成功就业，求职者平均应聘26.3次，超过40次的也达29.2%，面试超过10次的达23.1%。

· **美国**

美国经济的不景气导致了就业环境的不宽松。由于科技泡沫崩裂和"9·11"事件发生,美国经济变了个样。2001年的一场衰退令美国总体经济至今没有彻底翻过身来。国家经济的恶化,受到直接打击的无疑是就业市场,美国的失业率从2001年1月的4%上升到2003年6月的6.4%,为9年来最高。到2003年7月,美国的失业人数达到910万人。美国经济不景气,直接影响了就业市场,2003年6月失业率一度达到9年来的最高的6.4%。那些即将迈出校门的大学毕业生只能面临一种形势:"找到工作不容易。曾经走红的专业已经风光不再。"前几年,学电脑、证券专业的学生火得不得了,找工作时"挑肥拣瘦"不说,工作之后还要跳来跳去,"老板"曾经是他们最时髦的口头禅。而如今他们已经风光不再,能找到一个稳定的工作就算幸运了。以证券业为例。美国全国自2001年以来裁减了5.27万个工作岗位。作为世界金融之都的纽约一下子就裁了3.87万人,能在华尔街待下去的已不算凡夫俗子了。学MBA(工商管理)的学生也曾经是香饽饽。可现在行情变了。属于美国名校系列的杜克大学做过一次调查。该校2003届10个项目的830名MBA毕业生,找到工作的只有60%,而1998年的比例则是86%。美国大学毕业生目前主要面临几种选择:一是通过努力,找到称心如意的工作,这当然是上上之选;二是降低身价和薪酬要求,接受能找到的工作,三是在经济条件允许的情况下,重回学校深造,换个专业或是攻读硕士、博士,以图将来更好地发展;四是找零活干,先渡过这段困难的日子再说;五是万般无奈的,就只有成为失业大军中的一员了。

· 英国

英国大学生就业难度也在增大。20世纪90年代,英国高等

第三章 《毕业之后》：国外毕业生就业一瞥

教育事业进行了改革，从精英教育向大众教育转变。这种扩招带来的一个直接后果，就是就业竞争加剧。仅仅一个本科学历已经不能使用人单位产生很大兴趣。几年前英国和世界经济状况还算良好，特别是IT产业正处于泡沫极盛时期，大学生就业不成问题。但现在经济衰退，网络泡沫破灭，恐怖袭击威胁，大学毕业生数量猛增等种种因素使刚毕业的大学生找工作越来越难。尽管许多用人单位表示自己对名校和普通学校的毕业生并无偏颇，主要还是看个人能力，但实际上，名校毕业生的确更有优势。一项调查表明，有近一半的毕业生感觉自己因为仅仅不是名校毕业而受到了区别对待，25%的毕业生宣称如果有机会重来一次，他们会选择不同的大学。很多人发现自己学无所用，找不到与自己的学历和专业相称的工作。随着就业越来越困难，许多毕业生开始转向职业介绍机构寻求帮助。英国就业和养老金部在全国开设的职业介绍中心，近几年来为大学毕业生服务的压力加大了。由于以往毕业生通常是在学校帮助下自我择业，就业和养老金部对这一群体并无特殊的就业帮助计划。实际上刚刚步出校门、缺乏工作经验和社会经验的大学生找工作并不容易。尽管应届毕业生就业难度加大，但与未受过高等教育的人群相比，大学毕业生的就业情况还算好的。英国教育与技能部门的统计数字表明，毕业生就业率依然高于全国就业率平均值。而且随着时间的推移，毕业生积累一定工作经验或获得接受更多教育培训后，失业率将会下降。

·加拿大

加拿大大学生找工作的途径还是比较多的，但主要有3种。

(1)求助于学校的"职业介绍服务"。学生可以从这种服务中获得相关的人才需求信息。

(2)通过由校方安排的专业实习计划找工作。在最后一个学年里,大学生一般都要去企业、政府机关和民间机构等单位实习3个月左右,部分学生就是通过这种实习找到工作的。

(3)到学校或自己联系的单位去"实习",然后找到工作。大学毕业后,许多学生并不能马上找到工作,但可以到企业或政府机关去实习。实习期间,用人单位给大学生发放相当于正式雇员工资50%~75%的报酬。有了实习经历后,大学生就容易在其他单位找到合适的工作。这种途径有利于缓解大学生的就业压力。加拿大政府也鼓励大学毕业生到生活条件艰苦,但需要人才的欠发达地区工作。据说,在条件相对艰苦的加拿大西北部地区工作,工资要比一般地区高得多。

第四章
《当幸福来敲门》：经典的求职故事

导　　演：加布里尔·穆奇诺
主　　演：威尔·史密斯、贾登·史密斯、桑迪·牛顿
上映时间：2008 年
出品公司：哥伦比亚影业公司

影片简介：

克里斯·加纳是生活在旧金山的黑人男青年，靠做推销员养活老婆还有幼子。克里斯从没觉得日子过得很幸福，当然也没很痛苦，就跟美国千千万万普通男人一样过着平淡的生活。直到有一天，突如其来的变故才让克里斯知道，原来平淡的日子有多珍贵。首先，他丢了工作，公司裁员让他丢了饭碗。克里斯从此遭遇了一连串重大打击，妻子因忍受不了长期的贫困生活愤而出走，连儿子也要一同带走。没过多久，妻子又把儿子还给了克里斯，从此克里斯不仅要面对失业的困境，还要独立抚养儿子。没过多久，克里斯因长期欠交房租被房东赶出家门，带着儿子流落街头。在接下来的两三年中，这对苦命父子的住所从纸皮箱搬到公共卫生间。克里斯坚强面对困境时刻打散工赚钱，同时也努力培养孩子乐观面对困境的精神，父子俩日子虽苦，但还是能快乐生活。一次，克里斯在停车场遇见一个开高级跑车的男人，克里斯问他做什么工作才能过上这样的生活，那男人告诉他自己是做股票经纪人的，克里斯从此就决定自己要做一个出色的股票经纪人，和儿子过上好日子。完全没有股票知识的克里斯靠着毅力在华尔街一家股票公司实习。可是实习期间没有收入，绝大部分人都失败了。但是克里斯坚信，这是他最后一次机会，是他唯一一条通往幸福美好生活的道路。没有薪水，无家可归，克里斯唯一拥有的就是儿子克里斯托夫无条件的爱和信任。他白天肚子饿了，就排着长队领取救济，吃着能够勉强充饥的食物，夜晚他们就睡在地铁站、公共浴室、收容所、暂时栖身的空地。生活的穷困并没有磨灭他的信心，为了自己的梦想和儿子的将来，克里斯咬紧牙关坚持下去，他坚信只要现在足够努力，一定会有幸福的未来！功夫不负有心人，克里斯终于成为一位成功的投资家。[1]

这部影片根据美国著名投资家克里斯·加纳的经历改编。它讲述了主

---

〔1〕摘自"时光网"，网址：http：//movie. mtime. com/48615/ plots. html，略有改动。

第四章 《当幸福来敲门》：经典的求职故事

人公克里斯在艰难的环境中通过坚持不懈的奋斗，并最终获得成功的励志故事。该片作为奥斯卡获奖影片有非常多的看点，但在本书中我们主要关注其中的求职片段，希望通过分析这些片段为毕业生提供启示。

一、求职时要择己所长

 场景49

克里斯：哇，老兄，请教你两个问题。你是干什么？你是怎么干的？

股票经纪人：我是股票经纪人。

克里斯：股票经纪人，哦，天哪！得上大学才能做股票经纪人，对吧？

股票经纪人：不用，只需要精通数字，会做人处世。就这么简单。

克里斯：嘿，保重！

"如果你有梦想的话，就要去捍卫它。那些一事无成的人想告诉你：'你也成不了大器'。如果你有理想的话，就要去努力实现。"这是本片中最经典的一句话。但失误的梦想只会导致失败。克里斯本来是个推销员，卖很昂贵又不太实用的医疗仪器，销路很差。他的家人每天都为房租和各种账单而烦心。其实他的窘境并非别人的错，而是他自己最初梦想失误导致了这个结果。他并不太了解医疗器械,却将自己全部积蓄拿来做医疗器械的代理销售。他不懂行情、需求和地区差异,什么都不懂,所以一切都跟梦想中的幸福背道而驰。克里斯正考虑转行,在街头偶遇衣着光鲜、开红色跑车的男子,他既羡慕又好奇。于是他上前搭讪问那个男子从事什么工作,对方回答说他是股票经纪人。克里斯原以为"得上大学才能做股票经纪人",对方告诉他"只需要精通数字,会做人处世"就行,使克里斯大受启发。因为他虽只有高中学历,但却有高超的数学天赋,"小时候,一星期就能把算数课本念完";而且影片多次展现他娴熟地玩弄魔方,也表现了他良好的数学天赋;更重要的是他还具有高超的人际交往能力——他原是推销员,客户虽然最终掏钱的少,但客户都记得他的名字,对他也很友好。确实,求职时要择己所长。每一个求职者都有自己的优势和不足,选择自己所擅长的领域才能发挥自我优势,这样才能在岗位上顺利完成本职工作。另外,如果你想了解什么职位需要什么素质、自己符不符合该岗位的要求,需要向正在从事这项工作的人去了解,即"职业生涯人物访谈",不在其位的人永远只能纸上谈兵。通过几句简单但切中要害的聊天,克里斯便如获至宝。他了解到从事股票经纪人工作的两个核心素质要求,即数学能力和人际关系能力,而这两项恰好他都具备。这为他成功转行并最终走向事业辉煌奠定了基础。

第四章 《当幸福来敲门》：经典的求职故事

二、最好亲手递上简历

场 景 50

克里斯：早上好，托斯特尔先生。

托斯特尔：早上好。

克里斯：托斯特尔先生，我是克里斯·加纳。

托斯特尔：你好！

克里斯：我得在您进去之前亲自把这个交给您，和您认识一下。希望有机会能和您坐下聊聊，我申请表上看起来比较薄弱的几点。

托斯特尔：好的，我们要先看下你的申请表，克里斯。需要面试的话会通知你的。

克里斯：好的，先生，祝您愉快！

托斯特尔：你也是。

克里斯求职中的第一步，跟毕业生一样都是投递简历。现在大多数毕业生通常选择发送电子邮件或网上申请等方式，但是实际上它的成功率很低。"人们认为互联网改变了整个求职过程，但是事实上，它只是传统的、过时的、已经存在了几十年的求职系统的一个电子版而已。人们过高地估计了互联网的功能。最近一份资料显示，通过互联网求职的人当中只有4%的人找到了工作……通过互联网求职的失败率有96％,这就是说,每100个人当中有96个不能找到工作。"[1] 而克里斯却"不走寻常路"——他亲自将简历递到部门主管托斯特尔手中。因为克里斯深知自己仅有高中学历的硬伤以及当前失败的推销员。所以克里斯为了让托斯特尔记住自己,更重要的是认可自己的能力,他抓住一切机会与托斯特尔进行接触。尽管托斯特尔不认识这个年轻人,也没跟他说几句话,但克里斯这样做毕竟还是在主管心目中留下了一点印象,而且是活生生的现实印象,而非简历上的各条陈列。要知道活生生的你,将胜过天花乱坠的简历。在现实中,很多毕业生都没萌生过克里斯这样的念头。怕吃闭门羹恐怕只是个借口,大多数人是放不下自己大学生的架子,跨不过心头那道坎,或者根本想不到这事也是"纸上来得终觉浅,绝知此事要躬行"。当然,如果大公司部门主管也不可能随随便便见某个未出茅庐的毕业生。但可以像克里斯那样找准时间点(早晨上班时或者午餐时),也不是完全没机会。总之,这样做可以使他多少对你留下些印象。

三、抓住机会表现自己

场 景 51

托斯特尔:出租!

----

〔1〕[美]理查德·尼尔森·鲍利斯.你的降落伞是什么颜色.陈炜,陈绍峰,梁峰,译.中信出版社,2002年版.

第四章 《当幸福来敲门》：经典的求职故事

克里斯：托斯特尔先生。

托斯特尔：是的。

克里斯：好，我是克里斯·加纳。

托斯特尔：你好，有什么事吗？

克里斯：我一个月前交了份实习申请表。我想找机会和您坐下来简单谈谈…

托斯特尔：听着，我要赶去诺亚谷，克里斯，你保重。

克里斯：托斯特尔先生，我正好也要去诺亚谷，我搭个车怎么样？

托斯特尔：好吧，上车吧

克里斯：好的。

……

克里斯：托斯特尔先生，听我说，这很重要。

托斯特尔：对不起，对不起，这东西不可能拼出来的。

克里斯：我可以。

托斯特尔：你不行，没人可以的。不可能的。

克里斯：我确定我能行的。

托斯特尔：你不行。

克里斯：让我看看。给我。哦，你真是拼的一团糟啊。

托斯特尔：不好意思。

克里斯：看起来这些是围绕一个轴心转动，中间的这部分保持不动。所以说如果中间那片是黄色，这面就应该是黄色的；如果中间那片是红色；那么这面就应该是红色的。

托斯特尔：好的。

克里斯：开慢点吧。

托斯特尔：我们可以就这么一直开下去，我就不信你能拼出来。

克里斯：我可以的。

托斯特尔：不，你不成。

克里斯：我可以的。

托斯特尔：不，你不成。不，你不行，没人可以的。看到没？我就只能到这步了。

克里斯：那面快拼出来了。

托斯特尔：哦，你拼出来了。哦，那面也快拼出来了。

克里斯：我能全部拼出来的。

托斯特尔：真厉害啊。

克里斯：快好了。

克里斯再次去找主管托斯特尔时，正巧赶上托斯特尔要出门去办事。通常碰到这种情况应聘者会下次再来，但克里斯却说他也要去相同地点。实际上他要去的地点与托斯特尔要去的地点隔几个街区，他这样做目的在于是为多争取点与托斯特尔交流的时间。他的这种执着精神和应变能力值得毕业生学习。然而令人遗憾的是，托斯特尔在车上并不愿意听克里斯的话，而是在玩魔方。现在很多毕业生面对此情景，恐怕会心生不快甚至大发雷霆了，但克里斯并没有这样。他恰好曾经玩过儿子的魔方，自己也琢磨出了一些小窍门，加之他具有高超的数学天赋，于是在托斯特尔面前便大显身手,让托斯特尔看到自己的数学才能和迅速抓住问题实质的思维能力。抓住了这一次机会,克里斯获得了面试通知。

四、面　　试

场 景 52

女秘书:克里斯·加纳到了。

克里斯:我是克里斯·加纳。你好,早上好!克里斯·加纳,克里斯·加纳。又见面了。克里斯·加纳,见到您很荣幸。我在外面坐了半个多小时,一直想编出个理由向你们解释我这身打扮出现的原因,想编出个故事说明我身上拥有你们所欣赏的优点……比如诚实、勤奋、团队精神等等,结果我却什么都想不出来。事实是因为没能付清停车罚单,我被拘留了。

托斯特尔:罚单?什么?

克里斯:我是从警察局……警察局一路跑来的。

弗雷姆:被拘留前你在干什么?

克里斯:我在粉刷我的家。

弗雷姆:现在干了吗?

克里斯:希望如此。

弗雷姆:杰说你一心想进我们公司。

托斯特尔:没错,他拎着个40磅重的玩意儿,在公司门口等了一个多月了。

弗雷姆：他说你很聪明？

克里斯：我自认是有些。

弗雷姆：你想学这行？

克里斯：是的，先生，我想学。

弗雷姆：已经开始自学了吗？

克里斯：当然。

弗雷姆：杰。

托斯特尔：是的，先生。

弗雷姆：你见过克里斯多少回？

托斯特尔：我不清楚，好多次了吧，应该。

弗雷姆：他有穿戴成这样吗？

托斯特尔：不，没有，都是西装领带。

弗雷姆：克里斯，你在班上是第一名？高中？

克里斯：是的，先生。

弗雷姆：班上一共多少人？

克里斯：12人，那是个小镇。

弗雷姆：我就说嘛！

克里斯：我在海军服役时是雷达班的第一名，那个班里有20人。我能说几句吗？呃……我是这样的人，如果你问的问题我不知道答案，我会直接告诉你"我不知道"。但我向你保证，我知道如何寻找答案，而且我一定会找出答案的。这样可以吗？

弗雷姆：克里斯，如果有个人连衬衫都没穿就跑来参加

第四章 《当幸福来敲门》：经典的求职故事

面试，你会怎么想？如果我最后还雇了这个人，你会怎么想？

克里斯：那他穿的裤子一定十分考究。

托斯特尔：克里斯，我难以理解你穿成这样来面试，但是你刚才的表现很不错。

克里斯：谢谢，托斯特尔先生。

这段面试堪称经典。尽管克里斯学历并不高，也没有相关的经验，且面试时穿成那样，但还是在面试中脱颖而出被录用，其中有很多的可取之处。首先，当他脏兮兮的走进面试室时，面对满脸嫌恶、疑惑的面试官们，没有忘记他平时与人见面的基本礼仪，与他们逐一问好并握手。面试不仅对应聘者来说是一个挑战，对面试官来说也是挑战，因为要与陌生人说话，而且，要讨论许多严肃的话题。因此，无论是否有着装的压力，要做到每一次面试的前3秒要主动开口，主动介绍自己，并问候对方，消除陌生人之间的一点隔阂的主要责任在应聘者。然而，他主动地与面试官们进行沟通，先发制人。克里斯聪明的地方就在于自然而然地引导到我方不利的要点，并将不利的地方说出来。当你面试的时候有任何不舒服的时候，一定牢记要找机会说出来。说出来有两个好处，一方面是卸掉了自己的心理负担，任何为难之处只要自己勇敢地说出来，其实就不是什么大不了的事；另一方面，就是获得对方的同情和好感。因为主动将不利之处说出来既体现了自己的坦诚，也体现了对对方的信任。克里斯话中更重要的技巧是，他还延伸了自己对于面试官的理解。比如面试官肯定都认定精神执着、行为刻苦以及团队合作意识是应聘者优秀的品质，克里斯主动讲出他知道这是最重要的素质，这就让面试官认为他应该是具备这些素质的。因此毕业生应锻炼一下主动与陌生人说话的能力，并让自己的话包含以下两点：让听者认为你具备良好的素质，同时让听者开怀一笑，理解你眼前对你不利的处境。克里斯在此处很诚实地向面试官说明了发生这一切的原因，因此抛开学历、才干和经验不提，应聘者甚至是为人最为重要的就是诚信的人品。接着克里斯运用了一个技巧，那就是要找机会让对方认为你是果断的、值得信赖、说到做到的人。怎么办呢？那就是找机会重复对方的话，特别是当对方是认可你的某个观点时，你要用对方用的同样的词汇再说一遍，且要用肯定的语气，这样可以使对方能够更加信任你的话。克里斯的回答很坚定、很果断，面试不一定需要华丽辞藻堆砌，重要的是要清楚自己想要什么，要能展现出自己的决心，能干净利落地表达自己。许多应聘者在面试时经常使用"可能""也许""好像""差不多""大概""觉得"等很模糊的词汇，这些都是让别人对你说的话不放心的词汇。因此毕业生平时要用心锻炼，彻底删除自己语言中这些具有不确定性、模棱两可的词汇。克里斯通过对面试官行为的观察，发现他对自己逐渐失去兴趣。这时克里斯不慌不忙、保持清醒，及时调整自己语言的角度和力度，主动将话题拉回来。面对面试官的质疑，克里斯勇敢地展现出了自己的信心和能力。最后克里斯还运用了一种处理复杂问题的技巧，就是把握对方语言中的逻辑，更换语言中的元素从而在逻辑上保持一致。既然对方谈的是衬衣那当然就可以谈裤子。逻辑上的一致，引发了对方发自内心的笑意，也体现了自己的幽默感。当面试官已经面试了很多的应聘者后,让他们轻松地笑笑效果绝对不错。这个虽然是一个小幽默,但是其中蕴含着深刻的哲理——人和衣装一样,要有亮点但不苛求完美。

五、实习期还是试用期

 场景 53

克里斯:没有工资,甚至连工作都没有保证。实习结束时,20 人中只有 1 人受雇。如果受雇的那人不是你的话,这 6 个月的培训还不适用于其他经纪公司。这 6 个月里,我的经济来源……就是那 6 台扫描仪。我还能继续推销那玩意,如果能全卖掉的话,也许我们能熬过去。

字幕上显示克里斯说的是实习期,但我们认为应是试用期。实习期通常是指大中专院校、职业教育机构、职业培训机构组织到企业实习的尚未毕业的在校学生,为了积累实践经验而进行实习的期限。"试用期,是指包括在劳动合同期限内的,劳动关系还处于非正式状态,用人单位对劳动者是否合格进行考核,劳动者对用人单位是否适合自己要求进行了解的期限。"[1] 概而言

---

〔1〕王全兴.劳动合同法条文精解.北京:中国法制出版社,2007年版,第 72 页.

之，实习期与试用期有以下区别：一是当事人的身份不同。处于试用期中的自然人一方只能是劳动者，而处于实习期间的自然人一方是在校学生。二是权利义务关系不同。试用期的当事人双方存在着劳动关系，用人单位对劳动者承担无过错责任，与劳动者共同履行缴纳社会保险费用的义务，向劳动者支付的工资报酬不得低于当地最低工资标准；而学生实习所在的单位对于实习学生，不承担无过错责任，不须执行最低工资标准。三是主体间的关系依据不同。劳动合同期限在3月以内的，不得约定试用期，劳动合同期限在3月以上1年以内的，试用期不得超过1个月；劳动合同期限在1年以上3年以内的，试用期不得超过2个月；劳动合同期限在3年以上的固定期限劳动合同和无固定期限劳动合同，试用期不得超过6个月。四是当事人的目的不同。在试用期间，主要体现用人单位目的，即为了得到满足需要的人力资源；而实习则主要体现的是学校与学生的共同目的，即为了提高实习学生的自身素质。从本片中的情形看，克里斯所历经的应是试用期而非实习期，主要原因在于克里斯不属于在校学生。另外，期间结束后用人单位将决定谁能受雇，这也符合试用期的特点；然而实习与受雇并没有必然关系，特别是非毕业生实习期结束后学生还要回校继续学习。但如果是试用期应该是有工资的，至少现行的中国是这样。如果这家股票经纪公司是在中国，它必须给克里斯这样的试用员工发放工资，且不能低于当地的最低工资标准；如果是在校生实习在我国则可发工资也可不发工资。当然，我们在此仅以片段引入有关内容，不过于纠结是实习期还是试用期。

第四章 《当幸福来敲门》：经典的求职故事

六、培训期与实习

  场 景 54

克里斯：我去迪安·维特公司参加了个实习面试，我被录取了，所以我会开始接受培训。

……

秘书：迪安·维特公司。

克里斯：你好。呃……我要给杰·托斯特尔先生留言。

秘书：你的名字？

克里斯：我叫克里斯·加纳。留言是：非常感谢邀请我参加培训。真的感谢您，我非常高兴接受您的邀请。

秘书：就这些吗？

克里斯：对，就这些。

……

克里斯：我人生的这部分叫做"实习"。

……

克里斯：我正在迪安·维特实习，忙得很！

任何新进员工都要接受用人单位培训，克里斯进维特公司也不例外。"作为企业人力资源中的重要环节，培训（包括常和其联系在一起的开发）是指针对组织（主要是企业）中各类人员工作岗位所需要的知识、技能、理念、素养或素质，乃至岗位规范、职业发展等开展的一系列学习、提升、发展活动的总称。"[1]用人单位通常要对新进员工进行职前培训，这种培训又被称之为新员工导向培训，它主要是指为新员工提供有关公司和工作的基本背景情况的活动。克里斯接受的就是这种培训。由于这种培训对员工做好本职工作具有导向性作用，因此被称为导向性培训。这种培训的主要内容包括对企业基本情况和各种规章制度的介绍，参观企业设施和各部门，了解本部门职能和自己的岗位职责等。这种培训对新员工具有重要意义：一是帮助新员工了解和熟悉新的工作环境，尽快适应新的工作环境；二是塑造良好的公司形象，为新员工灌输全新的企业文化，使新员工能较快融入企业文化中；三是加强员工对企业的认同感，提高员工的保留率。新员工面对职前培训要抱有积极的心态参与其中，这样才能为自己今后的工作乃至人生发展打下良好的基础。片中的克里斯在培训期内勤奋努力、好学上进，并最终被公司录用。

实习期是很关键的。与他的竞争对手相比，克里斯的实习更加艰难。他有孩子要照顾，不能像竞争对手们那样，用延长工作时间来换取更多的业绩；他的专业知识不够，需要大量的自学。所以他必须做的两件事，就是提高工作效率，还有找到好的工作方法。克里斯从不把电话放下，每次挂断一个电话时只是按下挂机键，仅仅为了节省几秒钟的时间；他尽量少喝水，因为上厕所也需要时间；最重要的是，他打破了工作常规，没有死板地按照

---

[1] 石金涛.培训与开发（第2版）.北京：中国人民大学出版社，2009年版，第2　3页。

第四章 《当幸福来敲门》：经典的求职故事

客户名单一个一个打电话，而是找到容易重点突破的客户即退休的高级经理。克里斯再次调动自己迅速拉近人际关系的能力，投其所好，很快跟这个富有的老头建立起了亲密的联系，并且利用一次观看橄榄球赛的机会，通过这个老头认识了很多事业比较成功的朋友，而这些人无疑都是潜在的客户。就是这样，克里斯让自己的业绩呈几何级数增长。商业社会中利益最具驱动力，仅有高中学历的克里斯却为公司带来了丰厚利润，因此他终于得偿所愿，成为了真正的股票经理人。提高效率加上有创意的工作方法，为公司带来最多的利益，这就是实习的取胜秘诀，克里斯在本片中的表现为我们做了最好的总结。

七、求职中礼仪很重要

片中的克里斯之所以能求职成功，一个很重要的因素就在于他注重礼仪，具体而言主要包括五方面。第一是个人礼仪。克里斯非常注重自己的仪表。比如在他推销医用扫描仪时，无论多忙他都一身西装革履、干净利落。他在工作中特别注意礼貌、客气的用语，在言谈方面始终表现出对对方的尊重。他在与人见面时始终以礼貌的问候语开始。在谈话的时候尽量保持愉悦的精神，饱满的、微笑的样子（即使家中生活非常艰难，因没法交房租被迫在公共厕所中与儿子度过一夜），从不将私人情感带到工作中。他在谈话时特别是面试时因时间紧迫，来不及换衣服，为获得唯一的机会，他竭尽全力赶到现场，一身邋遢与其他身着职业装的应聘者相比显得相形见绌。但他没有办法，只能在面试时尽量挽回形象。他在谈话中笃定自若的神态，真诚的话语等方面的优势弥补了他在服饰上的缺陷，并最终赢得了实习机会。第二是见面礼仪。他在推销医疗仪器时要与素未谋面的医生见面，在这种情况下他一天内往往要和很多人第一次见面，因此第一印象就很重要，这决定他的推销能否成功。在这里我们可以看到克里斯在见面礼仪方面的表现。问好与握手是必须的，在这之后还得有一点点寒暄，然后进入正题，在此不仅只有见面礼仪，还有语言、站姿、坐姿、言谈等各方面的礼仪。第三是公共场所礼仪。在本片中，克里斯几乎不怎么遵守公共场所礼仪，以致他总是处于相当尴尬的境地。每次在公共场所里，他要么是在追回自己丢失的医疗仪器，要么是和儿子无家可归，且不得已要与别人争论。"仓廪实而知礼仪"，贫困潦倒的他顾不上这么多。第四是拜访礼仪。克里斯拜访别人时，总是身着职业装而后敲门并自报家门，然后说明来意。这个过程中他保持微笑，语言、语调等各方面都彬彬有礼。第五是他能够善始善终。影片结尾处克里斯有可能是和该单位说再见的一天。这天他特地穿上了特别漂亮的衬衫和西服。老板叫他去办公室时他正在完成实习任务。当时他的西服搭在椅背上，起身去领导办公室时，也没有忘记将西服穿整齐再进去。进去后老板对他说的第一句话是："衬衫很漂亮！"他回答道："我觉得应该穿这件衬衫，毕竟是最后一天了"。

八、结　语

《当幸福来敲门》固然是部感人至深的励志片，但其中也包含了很多对毕业生求职的启示，可谓是经典的求职故事。该片不仅可以激励我们在职业道路上奋进，而且其中许多细节对毕业生

第四章 《当幸福来敲门》：经典的求职故事

求职都有帮助。

附：

电影中的面试圣经[1]

1. 问："你有什么工作经验吗？"

答："不，先生，我没有什么经验，但我很喜欢钱。我非常爱它、我要用它，但我只有一点点。我把钱放在一个罐子里，然后放到冰箱的顶上。我真想往那罐子里多放一些啊。这就得靠你啦。"

《婚礼歌手》——

【点评】如果你没有工作经验，那就不要纠结在你的弱势上，而是突出你的优势，比如你学过相关的技能，或者是像电影

---

[1] 摘自 http://www.hjenglish.com/new/p498194/?op, http://m.sohu.com/n/415128345/

里那样,表现出你对工作强烈的渴望和热情。

2. 问:"我喜欢和人打交道,我非常看重人。我坚决认为人应该享受生活,而不是任务至上,累得像牛马一样。假如你想找一匹像科莱克斯戴尔马那样不知疲倦的壮马,恐怕我不是你要找的人。我活着不是为了工作,恰恰相反,我工作是为了活着。顺便问一下,你们在哥伦布纪念日都干些什么?"

答:"工作。"

问:"不会吧?那家伙发现了新大陆哎!我都不敢问你们战胜日本的纪念日那天都怎么过了。"

——《同居三人行》

【点评】Live to work, or work to live, this is a question.

3. 问:"我觉得你不适合我们这儿。"

答:"我有快餐行业经验啊。"

问:"是啊,差不多20年前!"

答:"唔,我承认这个行业内的科技水平已经有了惊人的发展,但是你们一定也有些培训项目。如果你们认为我学不会的

第四章 《当幸福来敲门》：经典的求职故事

话，这恐怕不太公平。"

《美国丽人》——

【点评】不适合？没经验？但你可以学！对于你没有掌握的能力，必须要告诉雇主，你能学！而且你是一个 quick learner。

4."我只等你一天。你看过我的书，知道我能胜任这份工作。你应该今天就告诉我结果，而不是等到假期的最后一天。要是你想要我，现在就做个决定吧。"

《克莱默夫妇》——

【点评】这是一种反客为主的策略，很好地掌握了主动权。

在你具有对方看重的超凡能力的情况下，给雇主施加些压力是不错的。但你如果是个初出茅庐的新人，还是放低姿态比较好吧。

5. 问："墨菲先生，你的意思是你在申请表上说谎了么？"

答："不！唔，没错。只是为了踏上成功的第一步，显现出我的主动性。"

问："但是你是由就业部推荐到这儿来的，你没必要想你做的那样'踏上成功的第一步'。"

答："额……真酷。不论你说什么，我都深表遗憾。反正你是做主意的人。"

——《猜火车》

【点评】千万不要在简历里造假。比起能力、经验、证书等外在条件，老板们更看重诚信这样的内在品质。莫造假，造假必被抓。

6. 答：抱歉，也许有人已经问过了……我们为何来这里？

问：中卫泽科，西点军校优等生。我们来是因为你需要佼佼者中的精英！

答：有什么好笑的？

第四章 《当幸福来敲门》：经典的求职故事

问：你的这个男孩，美国上校。"佼佼者中的精英""而且是优等的"，他兴奋异常，却不明白所为何来。

《黑衣人》——

【点评】面试前一定要明白自己为什么想要这份工作，不是工作需要你，而是你热爱这份工作，你需要这份工作。

7. 问：你放屁了？

答：我不知道。

问：我都能闻到。

答：好吧，我承认，我放屁了。

问：那是洋葱的味道么？洋葱还有……洋葱还有番茄酱。味道太难闻了！房间还这么小……好吧，现在我的西装看起来全完蛋了！

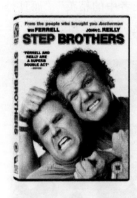

——《半路兄弟》

【点评】虽然这个面试场景是为了喜剧效果而夸大的，但也提醒我们一定要注意面试礼仪。去面试前，就不要吃重口味的食物了，即使不是"放屁"，有口气也不太友好，如果牙缝里还有一丝菜叶，那就更减分了！

8. 好吧，就这么定了，我来这儿不是为了浪费你的时间的。懂么，我也希望你不要浪费我的时间，所以我们长话短说吧。只要你成为这家公司的雇员，你能在头3年赚到100万。……好了现在你知道你可能得到什么了，让我来告诉你你需要做些什么。你需要拼了老命在这里工作。我们要的是赢家，不是缩头缩脑的胆小鬼。那些家伙跟着钟声走，他们会问，第一年有多少假期啊？假期？人们来这里工作为的是同一个理由，不择手段地变得有钱，就是这个。我们来这儿不是为了交朋友的，我们来这儿不是为了拯救什么TMD海牛的伙计们。你如果想要假期，去公立学校教三年级吧！

第四章 《当幸福来敲门》：经典的求职故事

• • • • • • • • • • • • •

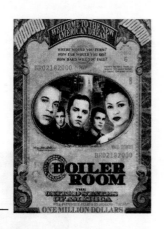

《股票分析师》——

【点评】任何老板都喜欢努力工作的员工。特别是职业生涯的前几年，你若想成功，就要加倍努力。别老想着假期了。

第五章
《终极面试》：虚拟情景之中的真实

导　　演： 斯图尔特·哈泽尔丁
主　　演： 卢克·梅伯利、吉米·米斯特雷、科林·萨尔蒙
上映时间： 2009 年
出品公司： Independent，The Klock Worx Company Ltd，英皇电影，Lark Films Distribution

第五章 《终极面试》：虚拟情景之中的真实

影片简介：

一家实力雄厚、背景神秘的国际大企业集团公开招聘，经过激烈角逐最终有8名精英男女入围最终测试。他们被带入一间近乎全封闭的房间进行终极比拼，房内有八张桌椅，桌上各有一份试卷及一支铅笔，面前是一堵装上单向镜的墙壁，房间四处有闭路电视监控，唯一的房门由佩枪警卫把守。监考官在向大家讲解考试的内容和规则后离开房间，应试者们立即翻开了自己面前的试卷。所有人的试卷背面都一样，什么都没有，一个单词、一个字母、甚至一个墨点都没有。每个人各自思考了半响后，终于有人开始主动找其他人讨论。毕竟主试者只说不能对警卫和监考官讲话，但没有说应试者之间不能相互讨论。虽说这几位应试之间是相互竞争的关系，但是如果不能共同合作找出问题到底是什么，也就没可能正确回答问题。个性张扬的"白色"率先提议应试者们要共同合作、解决问题，其他人也毫不犹豫地立即同意。拥有不同背景的男女看似走到一起，却不知机关暗藏其中。刚开始所有人都猜疑问题是以特殊的方式写在试卷上的，必须用特殊的方式才能使问题显现，于是这几位应试者花了不少时间在这个问题上。在试过各种方法后，有一个应试者首先看清状况，试卷上根本没有花样，设法让其他候选人都丧失资格，是唯一胜出的方式，而这就是问题的答案。自此，一系列的尔虞我诈正式展开。与其说是一场激烈的就业测试，毋宁说是一场人性与智慧的大考验……[1]

本片虽然名为《终极面试》，但实际上描述的却并非面试，而是兼具了情景测试和无领导小组讨论特点的特殊测试，并且是被夸张到极致的测试。其中有很多情景都是虚拟的。片名《终极面试》可谓一语双关，它既指这家企业这次招聘最后的测试，也暗指这最后的测试"无所不用其极"。但是

---

[1] 摘自"时光网"，网址：http://movie.mtime.com/93551/plots.html，略有改动。

我们仍然可以以其为例,分析情景测试和无领导小组讨论等人才选拔方式的要领,从而有助于大家今后更好地应对这类测试。

一、情景测试和无领导小组讨论

面试在传统上是指招聘者和应聘者直接面对面的交流与互动,但本片所反映的测试却很难归入面试的范畴。因为片中主试者与应聘者基本没有什么直接面对面的交流与互动,而是在简单宣布几条规则后就躲在单向镜后观察应聘者。房内八张桌上各有一份试卷以及一支铅笔,应聘者们开始还认为主试者是对他们进行笔试。但他们看来看去也没有发现题目,直到后来中国女人提笔作答被警卫拖出去,大家才明白这不是笔试——因为笔试势必会将"自己的考试卷弄脏弄坏"而被剥夺资格。从整部影片看,这家国际大企业集团对应聘者进行的应该是情景测试,其中也包括无领导小组讨论。有关问题详见本书第二章的"十三、情景测试"和"十四、无领导小组讨论"两个部分。

二、听清楚指导语,打破思维定势

场景 55

监考官:我就是监考官,仔细听我说的每一个字,我不会重复第二遍。我不会为你们到达这个房间而经历的艰辛道歉,因为压力和疼痛是必须的。在这段时间,应变能力是一个重要的能力。如果你不能通过我们的选拔过程,你就不能适应我们的工作,许多高素质的候选人都试图去做,但是都失败了。你们已经成功了,现在最后一关的考验在你们面前。

第五章 《终极面试》：虚拟情景之中的真实

最后一个阻止你达到目标的障碍，那就是进入我们的测试。这个测试很简单，它会决定谁能拿着雇佣合同离开房间，和谁只能拿着车费回家。通过之前的测验，你们已经知道了我们组织的力量，所以请相信我。当我说在这间屋子里只有我们的法规，唯一的规则就是我们的规则。你们面前有一个问题，并且需要一个答案。如果你们试图和我或者警卫联系，你将会被取消资格；如果你损坏了你的卷子，不管是故意的还是无意的，你将会被取消资格；不管你因为什么原因离开这个房间，你将会被取消资格。还有什么问题吗？女士们，先生们，祝你们好运！我们将会给你们八位80分钟。80分钟的时间用你所拥有的来说服我们如何加入我们，80分钟的时间来决定你未来80年的生活。开始。

场景56

"白色"：嘿。听，听，听，听，他并没有说，你知道的。他没有说过——"如果你们尝试和我或者守卫交流"（监考官语）——如果你们尝试和我或者守卫交流，你将被取消资格。他并没有说……

"褐色"：……我们不能互相交流。

"棕色"：你们现在正在交流。

"白色"：这是终极智力测试还是什么？

场景57

"白色"：那么，还有什么没有被禁止？监考官没有禁止我们站起来，对吧？所以，我认为随便走走也是可以的。

107

"褐色"：那又意味着什么？

"白色"：我不知道，黄种人，但是坐着不能让我兴奋。

场景58

"咖啡色"：那我们就来创造一个紧急情况。

"褐色"：那会很冒险的。

"白色"：比起什么都不做，这样做风险小多了。

"棕色"：他是对的。

……

"白色"：我们的冒险可能有收获。

"褐色"：是有收获，只是不是你想要的。

场景59

"褐色"：也许这公司是日本的，这只是个折纸考试。

"棕色"：作为我们的嘉宾，那片纸由你来弄坏。

"白色"：是的，只有你的那片纸。

"咖啡色"：这是一片纸。

"白色"：不，它的意义已经远远超过一张纸了。这是个实验材料……这不是我的，是她的。"这不公平"，并且她也走了，那么……

情景测试和无领导小组讨论中的指导语主要是介绍讨论题的背景资料、讨论步骤和讨论要求，其内容包括所要完成的任务、

第五章 《终极面试》：虚拟情景之中的真实

时间以及注意事项等等。[1] 听清、听懂指导语非常重要——了解被试者对指导语的领悟程度是判断被试者表现的好坏重要依据之一。片中中国女人就是因为没有注意或者没有听懂监考官"如果你损坏了你的卷子，不管是故意的还是无意的，你将会被取消资格"的指导语提笔在试卷上作答而触犯测试规则被取消资格。而且，她在被警卫拖出去时还通过视频摄像头向监考官说："我还没写完。不，你不能这样做！这不是一个适当的测试，请让我重新开始！给我一个机会吧！"这又违反了"如果你们试图向我或者警卫联系，你将会被取消资格"的指导语。她的表现反映出思维定势的限制。"经验告诉我们拿到问题作出回答，针对答案择优录取。可当你面对的是一张什么都没有的白纸时，你是否还考虑拿起笔就写答案呢，2号中国女人无法摆脱在面试高焦虑下的思维定势，写下了'I believe I deserve...'成为第一个被淘汰的应聘者。"而她的被淘汰也给其他应试者以启示。"其他应聘者开始寻找突破，以往的面试经验中，应聘者是按照规定能做什么就做什么，要求做什么就做什么，而此时情况显然不同了，应聘者都认识到这不是一场普通意义上的面试，要想通过这次面试，不但要打破思维定势，还要反其道行之。思维定势在某些活动中确实能帮助我们更快、更有效地解决问题，但当环境变化的时候，打破思维定势的束缚才会是成功的开始。于是大家开始思考，监考官说什么不重要，重要的是监考官没说什么。"[2] 在场

---

[1] 赵楠. 无领导小组讨论与结构化面试. 广州：广东经济出版社，2013年版，第15页.

[2] 徐晓敏.《EXAM》（终极面试）中的心理学效应. 大众心理学，2014年第7期，第43页.

景二以及场景三中,"白色"运用逆向思维来挖掘监考官指导语的深刻含义(即"他没有说过……""监考官没有禁止……"),而将沉闷的局面和神秘的谜底逐渐打开,他甚至在这场测试的初期占据了领导地位。

场景58中,这场测试中的思维定势被进一步打破,应试者开始一步步的冒险。"监考官说什么不重要,重要的是监考官没说什么。"监考官又没有说不可以损坏房间内的物品,且他还强调"当我说在这间屋子里只有我们的法规,唯一的规则就是我们的规则"。于是为了验证应试者的猜想,他们捣毁了房间里的灯制造紧急情况而对此警卫却无动于衷,这使他们更坚信对测试指导语理解的方向。场景59中,应试者继续打破思维定式、进行冒险。"白色"根据监考官"如果你损坏了你的卷子,不管是故意的还是无意的,你将会被取消资格"的指导语,用被取消资格的中国女人的试卷进行涂写,甚至在上面撒尿以验证他关于水印的猜想,对此警卫还是无动于衷。这使应试者更相信监考官那句"唯一的规则就是我们的规则"。

三、竞争与合作、测试的重点

场景60

"白色":我们得互相帮助。

"褐色":为什么?我们在竞争中,为什么我要帮你来打到我?

"白色":我们可能正处在回答这个问题的竞争中,但是

第五章 《终极面试》：虚拟情景之中的真实

我们得合作来确定那个问题是什么。他们也希望我们合作，不是吗？

"褐色"：你期待什么？你将要赢得这个职位，和所有随之而来的奖励。

"白色"：只要给他们一点简单的答案、事实和意见，以及一些比较。他们不希望得到这个答案，这样的工作需要主动性、洞察力、相互协助。

"棕色"：团队协作，他是对的。

"黑色"：我们正在一种有压力的环境，在一个混乱的、时间紧迫的环境，被设计用来测试我们的智力和应变能力。

"褐色"：把我们中最差的淘汰走。

"白色"：或者选中最好的。我们要互相帮助，直到开放竞争环境。然后，所有的人都为自己，除了有罪行的女孩。我们都同意吗？

"咖啡色"：是的。

"棕色"：同意。

场景61

"咖啡色"：那并不意味着我们所有人的问题都是一样的，有可能是8个不同的问题和答案。

"白色"：如果我们发现了其中的一个，我们就能发现所有的了。

"褐色"：未必，万一我们8个问题需要用8种不同的方法来使其显形，也许我们并不意味着要合作。

"白色":我喜欢你的想法。

"棕色":或者只有一个问题,印在了我们之中的一个人的表上了。然后我们就需要合作。

"咖啡色":没有时间做这些实验。

面对几乎无字天书般的空白试卷,应试者们认识到他们"要找的不是答案而是问题"。如何找出问题?"白色"首倡合作,"褐色"表示反对,经过讨论后大多数人同意合作。"无领导小组讨论最突出的特点就是具有生动的人际互动性,应聘者需要在与他人的沟通和互动中表现自己,其考查的维度包括以下几方面",其中之一就是团队合作能力。[1] 无领导小组讨论作为选拔、测评人才的方式其中固然有竞争,但它更侧重对于应试者与他人合作能力的考察,因为团队是组织成功的基础。但片中的"白色"虽然口口声声说要大家合作,却趁乱让"咖啡色"烧掉了自己的试卷而被取消资格;又诱导"聋子"撕掉自己的考卷也被取消资格。他的口是心非终于引起了"棕色"的愤怒,将其击昏后绑了起来。

无领导小组讨论对于应试者的考察往往是多方面的,除团队意识外还可以测试应试者其他方面的素质。例如"白色"所说的"主动性、洞察力、相互协助",以及"黑色"所说的"智力和应

---

[1] 李旭旦,吴文艳.员工招聘与甄选(第2版).上海:华东理大学出版社,2014年版,第234页.

变能力",等等。有学者认为:"无领导小组讨论考查的维度主要有倾听技巧、语言能力、组织协调能力、洞察力、团队意识、领导力、反应与控制能力等。"[1] 而这些在本片中都有所体现。例如作为最后胜出者的"金色",监考官对她的评价就是"既有懂得倾听""又注重细节"(即洞察力)。

四、道德品质亦是测试重点

场 景 62

"咖啡色":我的卷子去哪里了?有谁见到我的卷子了吗?不!你这个混蛋,混蛋!你怎么能这么做?你怎么能这么做?混蛋。

"棕色":你刚才做什么了?

"白色":我不得不做的事。

"棕色":我应该把你打得满地找牙。

场 景 63

"白色":1分钟后又要有人出局了。你不能在上面写东西了,试试看。还是别写了。伙计,你饿了吗?饿了吗?我饿,我很饿。这里没有自动售货机,是吧?来吧,撕了它,撕了它。

---

〔1〕 沙莲香.社会心理学.北京:中国人民大学出版社,2002年版,第277页.

"金色"：嘿，我之前怎么说的？

"棕色"：她说，让法国人一个人呆着。

"白色"：撕了它。

"棕色"：白人，你能停下来吗！

"白色"：撕了它，撕了卷子。

"棕色"：不要再让我说第二遍，白人。

"白色"：就是这样，好孩子。继续，继续，再多撕一点。放到你嘴巴里，请……现在只剩下5个人了。

"棕色"：对混蛋没有任何公平可言。你说我们应该一直合作，直到我们发现了问题。

"白色"：是的，但我说谎了。我说谎了，又能怎样？说谎并不违背规则，不是吗？不管怎样，你没必要听我的，你可以同意或者服从我。你应该感谢我，你们都应该感谢我。我刚才减少了竞聘者，所以你们竞聘的概率就增加了。

……

"黑色"：就算他知道也不会告诉我们，因为他是一个自恋狂。他鄙视所有人。

"白色"：棍子和石头，黑发美女。我打赌你这话对所有男孩都说过。

"黑色"：我只对有个人障碍的自恋狂说。这里有9种性格特征要去寻找：傲慢，宏伟，一个人的独特信念，对成功和能力的关心，需要被别人过度地尊敬，有种占据心理，缺乏同情心，有双重人格趋势，并且容易嫉妒别人。临床上只要表现出5个就是病人了，你全拥有了。

第五章 《终极面试》：虚拟情景之中的真实

"白色"：你可以再加一条了："一种看破你所有的废话，并且超越你"。我会全部拥有这十条表现。

"棕色"：让我来帮你吧。

……

"金色"：我们可能会用到他，他也是一项资源。

 场景64

"黑色"：我能向你证明什么？

"褐色"：你知道的，这很有趣。一些简单和没有危险的东西，像这片纸。当在用一种不同的方法时，可以变成一个致命的武器。都是来自树的一片。

"黑色"：你在干嘛？

"褐色"：那不得不做的事。

"黑色"：你要折磨我？帮帮我吧！

……

"褐色"：我发现大腿内侧的肉很敏感。

"黑色"：操你妈！放开我。

"金色"：停下来，我们还有其他选择。

"褐色"：不，没有，这就是我的选择。

 场景65

"金色"：他确实需要药片。

"棕色"：快。

"金色"：如果谁拿了，马上叫出来吧。

……

"黑色"：还有口香糖吗？

"褐色"：不好意思，都没有了。

"黑色"：真的吗？所有的士兵都是赌徒，我发现所有的赌徒都是骗子，如果他们有机会的话。

"褐色"：我计算过风险。

"棕色"：你和他一样坏。

"黑色"：不，他更坏，对于白人来说没有任何借口。

"褐色"：让我们再自私地想想，当他死的时候？

"黑色"：那不是自私，那是谋杀。

无领导小组讨论对应试者的考察包括很多方面，其中道德品质亦是测试重点。"道德品质决定着一个人的行为方式，尤其对主管人员来说，决定其采用什么样的手段达到目的，以及为达目的的努力程度。一般其敬业精神和对组织的诚实信用是主管人员最起码的道德标准。"[1]自古"才"与"德"就是考察人才的两个重要标准。司马光对此曾有精辟论述："才德全尽谓之圣人，才德兼亡谓之愚人，德胜才谓之君子，才胜德谓之小人。"而这也是现代企业考察人才的重要标准。蒙牛集团董事长牛根生也曾说："有德有才，破格重用；有德无才，培养使用；有才无德，限制录用；无德无才，坚决不用。"这句话现在被广泛推崇。而

---

[1] 张小红，白瑷峥，等．管理学．北京：清华大学出版社，2014年版，第200页．

第五章 《终极面试》：虚拟情景之中的真实

本片中的"白色"就属于"有才无德"之类的人才，要"限制录用"甚至不录用；而"金色"则属于"有德有才"之类的人才，应当予以"破格重用"。"白色"最先发现监考官指导语中的玄机，并在测试开始之时首倡合作，带领大家抽丝剥茧地寻找问题的答案，曾一度充当这场无领导小组讨论中的"领导"角色。无领导小组讨论并不是没有领导，而是领导在讨论中通过个人表现自发形成。但是"白色"的短板很快就暴露出来——道德品质太差。在找不到问题答案的情况下，他试图用逐个消灭竞争对手的策略来赢得胜利。他首先利用"咖啡色"尝试寻找问题答案之机，趁乱让她烧毁了自己的试卷而被淘汰出局；然后又威逼"聋子"撕毁并吃掉试卷也被淘汰出局；最后还在监考官"当我说在这间屋子里只有我们的法规，唯一的规则就是我们的规则"的指导语暗示下，抢夺警卫的枪打伤"棕色"并威逼"金色"自己走出房间，试图让她自动淘汰出局。像这样为达目的而不择手段的人，正常的用人单位是不会录用他的，如果录用了这种人对企业而言将贻害无穷。而另一位应聘者"褐色"也在测试中暴露了其道德品质不良和严重的暴力倾向。"6号褐色把矛头指向3号黑色，认为她是主考官的间谍，是唯一知道问题的人，于是残忍地对其进行了身体上的折磨。紧接着他也认同，这场面试的胜利者就是最终还留在房间内的人，于是当发现5号白色有生命危险且只有那颗药可以救他的命时，6号褐色藏起了那颗药，希望5号白色意外死亡，这样就铲除了一个强有力的竞争对手。一个如此残酷、拿别人的生命当儿戏、对同伴没有丁点爱心的人，也必然将以失败告终。"[1] 如果说在本片中,"白色"还是"有才无德,限制录用",那么"褐色"就是"无德无才,坚决不用"。"金色"则善良并充满爱心,因此笑到最后、笑得最好。

五、头脑风暴法

 场景 66

"咖啡色":如果问题已经下下来了,但是我们看不到,怎么办?

"白色":那就是我要说的,谢谢。

"金色":你说像隐形墨水之类的?

"棕色":或者是水印。

"咖啡色":有可能。

"白色":是有可能,要不然问题会在哪?

……

"白色":让我们来验证一下,想些主意出来吧。

……

"咖啡色":所有人都到有光的地方来。

"白色":我说过了不会那么简单。

"咖啡色":除非你想列一个脑子里清单,白人。我说我们已经穿过一些困难了。

---

[1] 徐晓敏.《EXAM》(终极面试)中的心理学效应.大众心理学,2014年第7期,第43页.

第五章 《终极面试》：虚拟情景之中的真实

"白色"：好吧。

在本片中，应试者们在寻找问题答案时充分运用了头脑风暴法。"白色"所说的"让我们来验证一下，想些主意出来吧"，以及"咖啡色"所说的"除非你想列一个脑子里清单"，都是在指要运用头脑风暴法这种决策方法。头脑风暴法是指针对解决的问题，相关专家或人员聚在一起（以 5～6 人为宜），在宽松的氛围中，敞开思路、畅所欲言，寻求多种决策思路。其旨在创造一种畅所欲言、自由思考的氛围，诱发创造性思维的共振和连锁反应，产生更多的创造性思维。其要旨在于：对别人的建议不作任何评价，将相互讨论限制在最低限度内；建议越多越好，在这个阶段，参与者不要考虑自己建议的质量，想到什么就应该说出来；鼓励每个人独立思考，广开思路，想法越新颖、越奇异越好；可以补充和完善已有的建议以使它更具说服力。"在这个过程中只要求尽可能多地给出解决问题的想法和思路，并不一定有哪条意见是一定能解决问题的，而是要求在综合了所有人的意见后形成解决当前问题的最佳方法。当 7 位应聘者在面对自己面前的空白纸都束手无策时，只有大家联合起来或许才能先找出主考官的问题，于是大家一起各抒己见，各种各样的猜测和意见都被一一检验，结果都失败了。这时候大家开始进一步扩宽自己的思路，朝着更为极端和冒险的方向走去"。[1]

六、知己知彼、百战不殆

场景 67

"黑色"：你错了，没有人正在监视我们。CEO 都是亲自动手的，所有公司重要的事他都是亲力亲为的。而且这并不是一个普通的选择过程，我们并不寻常。如果有人在监考官后面，那就是 CEO。所有其他人对于 CEO 来说，都只是个秘书，甚至是董事会成员。他就是喜欢这么做。

"褐色"：你怎么知道这些的？

"金色"：我们正在浪费时间，只有 50 分钟时间了，我们并没有更接近要找的问题。

"褐色"：不管怎样，我认为我的问题更接近于我们要找的问题。那回答我，你怎么知道这些消息的？

"黑色"：和你了解董事会一样。

"褐色"：我并不了解董事会，我只是做了一个猜测。但是你，你知道 CEO 是怎样的人，这是怎么回事？你为什么不会？

"黑色"：我们怎么会？

"白色"：我们是被猎头弄过来的。难道你不是吗？

---

[1] 徐晓敏．《EXAM》（终极面试）中的心理学效应．大众心理学，2014 年第 7 期，第 43 页．

第五章 《终极面试》：虚拟情景之中的真实

"黑色"：当然不是！我听说这里有一个职位空缺，然后申请了。我以为我们都是因为这样才来的。你是说你想为这公司工作，跳槽到这里，但是你却不知道他们是谁。

"白色"：他们列出了工资和福利、详细的工作描述，并且在核心的服务工业中拥有国家先进水平，是吗？

"黑色"：你不想知道更多了吗？

"褐色"：没有问题需要问。

……

"黑色"：我们并没有这方面的信息。

"白色"：我们能相信吗？

"棕色"：我们并不像你一样这么了解这份工作。相信我，我们只是了解这个公司。最烂的工作打倒了所有优秀的求职者。

"黑色"：他是正确的，他们是谁？谁是CEO，还有他有什么成就，这些都是你所应该知道的。

"白色"：好吧，那就告诉我们吧。

"黑色"：我会给你一条线索。10年前，很多遍布世界各地的年轻人得了病然后死了，你可能读到过这条消息。然后一名药品研究员发明了一个抑制病毒的东西，年轻人的死亡率在半年内降低了一半。现在，他的公司是最大的一家，在世界健康产业，有200亿美元的营业额。拥有600亿美元股票的企业，如果这公司是一个国家，他将成为世界第八大经济体，明年将会升到第六位。你可能也读到过这消息。

"褐色"：生物学！

"黑色"：80分钟，（来决定你未来80年的生活）还记得吗？他们所做的就是让人长寿，抗过敏药，基因治疗，显微外科应用。

"褐色"：他们去年宣布暂停招聘，所有人都知道。

"黑色"：公开地说，是这样的。但私底下，他们正在扩大。加速，为了能有个大跃进。

……

"金色"：你真的认为他在后面？

"黑色"：他在墙后面生活了好几年。自从新股发行开始，圈外的人就再也没见过他。如果他想要雇佣一个助理，这就是他的方法。

在应聘时，应聘者最好能够对用人单位的基本情况、招聘岗位的要求甚至主考官的个人情况都有所了解，只有做到"知己知彼"才能在应聘中"百战不殆"。片中"黑色"对应聘可谓做足了功课，搜集了很多的相关信息。诚然，她是这家国际大企业集团的员工，在获得上述情况方面"近水楼台先得月"，但是我们也不得不承认她确实用了心。"黑色"作为这家国际大企业集团的员工参加这次招聘测试属于企业内部招聘，但在现实中很多企业员工在参加内部招聘时对企业的情况也不见得很了解，这大约是因为"不知庐山真面目，只缘身在此山中"的缘故。

七、鲶鱼效应

场 景 68

"黑色":他不得不被这样处理。如果他一直都是卧底我就不会感到意外了。他们这样做事是为了激起我们内心中的潜力,让我们来和其他人作对。如果是这样,我们已经夺回了主动权。

"黑色"作为心理学的专业人士,猜测"白色"可能是招聘方派来的卧底。她说"他们(指招聘方)这样做事是为了激起我们内心中的潜力,让我们来和其他人作对",用管理学上的术语来说就是"鲶鱼效应"。"鲶鱼效应中提到如果想要沙丁鱼活动起来最好的办法是在放沙丁鱼的鱼缸中再放入一条会吃沙丁鱼的鲶鱼,沙丁鱼为了生存下来不得不暂时放弃懒惰不好动的习性。现实生活中的我们又何尝不是好逸恶劳?但当周围的人都在不断努力进步时,你想要在社会现实生活中有自己的一席之地,那就不得不努力地提升自己的核心竞争力,以致于整个社会以一种动态竞争的态势向前发展着。此部影片中多次助推矛盾,让应聘者的心理态度发生变化的正是5号白色。他一开始便以高傲、张扬的出场,提出了第一个关键性的建议,并且第一个做出了尝试动作——站起来在屋内走动。试想在和一个这样具有竞争力的人竞争同一个岗位时,其他应聘者都在内心中打起了自己的小算盘,更是打起了各自的十二分精神来应对面试,这也才有了后面更为激烈的争夺。从始至终,5号都起到了'鲶鱼'的作用,激发应聘者不断显示出内心竞争的欲望。但也正是这样,就注定了他一定不会成为最后的胜利者。"[1]在测试中"鲶鱼"通常而言都是招聘方故意放入的,因而容易漏出马脚;但本片中"白色"这条"鲶鱼"则是自然形成的,因而能够更好地达到测试的目的。在这点上,招聘方真可谓是"无心插柳柳成荫"。

八、笑到最后、笑得最好

场景69

"金色":如果你不能无私地思考,那么就自私点吧。监考官说过,不管你因为什么原因离开这个房间,你将被取消资格。他并没有选择离开,而是你们选择他,这会让你们很冒险。

场景70

"金色":我的观点是,我们不能证明谁对谁错,所以这么做是浪费时间。如果我们不能保持相互的信任和帮助,我们就会失败。

---

[1] 徐晓敏.《EXAM》(终极面试)中的心理学效应.大众心理学,2014年第7期,第43页.

第五章 《终极面试》：虚拟情景之中的真实

"褐色"：信任需要去赢得，小妹妹。我们从没有第一眼就信任别人。

"金色"：信任是一种选择，如果需要的话，我们可以选择合作。

场景 71

监考官：管理员不得不做一个困难的决定：那些既有懂得倾听的人，又注重细节的人，并且拥有同情心的人。如果你依然感兴趣的话。

　　本片的结局是"金色"最后找到了问题的答案，从而在这场"终极面试"中胜出。这既令人惊讶又在情理之中。在测试开始时，"金色"的表现并不那么抢眼，她很少发言而主要在观察和思考。随着故事的推进她的光芒逐级释放出来。概而言之，她之所以能够最后胜出，有人分析她主要有五个方面的优秀品质："a. 宜人性。面试中的所有人都处于一种竞争状态，White甚至偏执地认为赢得工作机会的唯一手段就是把在场的所有人都'赶尽杀绝'。而Blonde显然没有这样做，她为White找到了药丸，救了他一命；她将自己的创可贴给了被Blown割伤的Dark。凡此种种都可以看出Blonde拥有高宜人性。b. 责任感。当面试结束，Blonde成为唯一没有被淘汰且找出正确答案的人。面对CEO的工作邀请，Blonde并没有被胜利冲昏头脑。她甚至质问道：'重要到杀人吗？'可推知她是一位对任何事情都很认真，能够以高度负责的精神完成自己的工作,具有高责任感。c. 情绪稳定性。即使是在毫无头绪、充斥着紧张情绪的封闭面试考场中,作为女性,Blonde 表现得十分镇定自若,甚至比某些男士都要平静。在职场中,应该可以更好地处理工作压力及紧张。较于 White 的狂躁,Blonde 会比他更加可靠。d. 外向型。e. 开放性。Blonde 极富想象力和创造力,在面试中,一切工具缺乏,但 Blonde 能想到用高跟鞋跟敲碎灯管,用发夹夹出药丸,能够提出许多富有创意的想法,比如敲碎灯管上层使灯光完全显现,用声控灯创造机会等。通过'大五'人格特质分析,Blonde 为何能够撑到最后一关也就不足为奇了,她确实有很多非常优秀的特质,能够胜任 CEO 助手的工作。而 White(在一般的面试中,这种人极易蒙混过关,赢得工作),或许他并没有输在才华和能力上,而是输在了人类应有的道德和良知上。至于其他几位应聘者,或许是两者都不够完备。任何一个组织都是由一个个具体的人构成的,它由这些人创造并且决定。只有一个公司拥有那些善于倾听的人、注重细节的人、能够勤恳尽责、辩证思考的人、能够具有学习能力和团队精神的人、能够以企业利益为重,但是仍不忘社会、人类的最高利益的人,只有一个组织拥有这样的头脑和灵魂,我们才能说,这是一家具有雄厚实力的企业。只有一个组织珍重这样的头脑和灵魂,我们才能说,这是一家能够在激烈的市场竞争中处于不败之地的企业。"[1] 另外,无领导小组讨论中"耶克斯 多德森定律"也是常见现象。它是"要想在一件事

---

[1] 杜正宜.羔羊还是恶狼——《终极面试》中的管理学.东方教育,2015 年第 5 期,第 211 页.

第五章 《终极面试》：虚拟情景之中的真实

情上获得成功取决于事情的难易程度和成就动机的大小。对于容易的事情，成就动机越大越容易获得成功；对于难的事情，恰恰是中等水平的动机最容易获得成功。面试最后成功的7号金色，在整个过程中都表现得从容不迫，仔细观察群体中的每个人，倾听大家的看法和意见，既不激进冒险也不轻言放弃，且在最后注意到一直被大家忽视的1号聋子正是打开问题的关键，成功地找到问题和答案。7号金色的成功又一次证明了在高难度的事情中保持冷静和适当的动机最容易取得成功，当然这里也还需要她的诸多其他优秀的品质，如她是一名优秀的听众，注重细节，怜悯同事等。"[1]

九、结　语

《终极面试》无疑是部以求职应聘为主题的惊悚片。它用极度夸张的手法描述一场惊心动魄的应聘测试，港台地区甚至将其片名译为《血聘》。片中的有很多情节——例如"褐色"割伤"黑色"、"白色"握着警卫的手开枪打伤"棕色"，而监考官和警卫都无动于衷——都是虚拟的因而在现实中是不可能发生的。因为再"终极"的"面试"，再荒唐的测试规则——"当我说在这间屋子里只有我们的法规，唯一的规则就是我们的规则"，即使可以逾越道德的界线也不能够违反国家法律的规定。但我们却可以从中学到很多管理学、心理学方面的东西，从而对应聘中的情

---

〔1〕徐晓敏．《EXAM》（终极面试）中的心理学效应．大众心理学，2014年第7期，第44页．

景测试和无领导小组讨论等有所了解。

附：

<h2 style="text-align:center">应对无领导小组讨论的十大策略[1]</h2>

（1）在适当的时机发言。如果没有抽签决定发言顺序，考生面试开始后，应该在第二三位亮出自己的观点，这样不仅可以给主考官员留下较深的印象，而且还有可能引导和左右其他应试者的思想和见解，将他们的注意力吸引到自己的思想观点上来，从而争取充当小组中的领导角色。自己的观点表述完以后，还应认真听取别人的意见和看法，以弥补自己发言的不足，从而使自己的应答内容更趋完善。

（2）人际关系良好。小组内成员在考虑是否接受你的观点时，会首先考虑他与你的熟悉程度和友善程度，彼此的关系越亲密，就越容易接受你的观点。若他认为彼此是敌对的关系，那么对你的观点的拒绝就是对他的自我保护。应该在讨论时注意别人的感受，甚至可以结成"联盟"。

（3）把握良机及时说服对方。不要在对方情绪激动的时候试图使他改变观点。因为在情绪激动时，情感多于理智，过于逼迫反而可能使其更加坚持原有的观点，做出过火的行为，造成更难以改变的结果。也可以运用先肯定后转折的技巧，反对对方的提议。当对方提出一种观点，而你不赞成时，可先肯定对方的说

---

[1] 易定宏，陈永峰. 无领导小组讨论面试（2011最新版）. 北京：京华出版社，2010年版，第20页.

第五章 《终极面试》：虚拟情景之中的真实

法，再转折一下，最后予以否定。肯定是手段，否定是目的。先予以肯定，可使对方在轻松的心理感受中，继续接受信息。尽管最终是转折了，但这样柔和地叙述反对意见，对方较易接受。同时，这样既能使自己从难以反驳的困境中解脱出来，又能使对方在较平和的心境中接受。

（4）言词真诚可信。能够设身处地地站在对方的立场上考虑问题，理解对方的观点，在此基础上，找出彼此的共同点，引导对方接受自己的观点。整个过程中要态度诚挚，用对问题更深入的分析、更充分的论证来说服对方，不要为了压倒对方而信口开河、强词夺理，更不能以势压人。

（5）一语中的把握问题的实质。语言的攻击力和威慑力，归根到底来自于语言的真理性和鲜明性。反驳对方的观点时不要恶语相加，因为敌视的态度不能达到有效反驳的目的。从心理学角度看，敌视的态度会使人产生一种反抗心理，因而很难倾听别人的意见。要用简洁的语言就问题的实质清楚地进行表达，而不可语无伦次、喋喋不休、不着边际。

（6）善于总结别人的观点。这其实是"善于借势"的策略，在面试开始后，不急于表述自己的看法，而是仔细倾听别人的发言。从中捕捉某些对自己有用的信息，通过取人之长来补己之短。待自己的应答思路及内容都成熟以后，再精心地予以阐述，最终达到基于他人而又高于他人的目的。

（7）不要冷落他人。当谈话者超过3人时，应不时同所有的人都谈上几句话，不要冷落了某个人。尤其需要注意的是，同女士们谈话要礼貌而谨慎，不要在许多人交谈时。同其中的某位女士一见如故，相知恨晚，谈起来没完没了。此刻张口闭口引经据典，只会让人见笑。不论生人熟人，如在一起相聚，都要尽可能谈上几句话。遇到有人想同自己谈话，可主动与之交谈。如谈话中一度冷场，应设法使谈话继续下去。在谈话中因故急需退场，应向在场者说明原因，并致歉意，不要一走了之。

（8）选择大众话题。当你选择的话题过于专业，以致众人不感兴趣，或对自己的个人私事介绍得过多，听者面露厌倦之意时，应立即打住，而不宜我行我素。当有人出来反驳自己时，不要恼羞成怒，而应心平气和地与之讨论。发现对方有意寻衅滋事时，则可对之不予理睬。

（9）保持正确的体态。谈话时目光应保持平视，仰视显得谦卑，俯视显得傲慢，均应当避免。谈话中应用眼睛轻松柔和地注视对方，但不要眼睛瞪得老大，或直愣愣地盯住对方不放。以适当的动作加重谈话语气是必要的，但某些不尊重别人的举动不应当出现。例如揉眼睛，伸懒腰，挖耳朵，掏鼻孔，摆弄手指，活动手腕，用手指指向他人的鼻尖，双手插在衣袋里，看手表，玩弄纽扣，抱着膝盖摇晃等等，这些举动都会使人觉得你心不在焉，傲慢无礼。

（10）善于倾听。小组讨论时，应当表现出对他人谈话内容的兴趣。听别人谈话就要让别人把话讲完，不要在他讲得正起劲的时候，突然打断他。假如打算对别人的谈话加以补充或发表意见，也要等到最后。有人在别人刚一张嘴的时候，就喜欢抢白和挑剔对方，这是面试之大忌。在聆听中积极反馈是必要的，适时地点头、微笑或简单地重复一下对方的要点，是令双方都感到愉快的举止，适当地赞美也是需要的。

第六章
《时尚女魔头》：职场适应非常重要

导　　演：大卫·弗兰科尔
主　　演：梅丽尔·斯特里普、安妮·海瑟薇、艾米莉·布朗特
出品时间：2006 年
出品公司：二十世纪福斯电影公司

影片简介：

　　就读新闻系的女生安吉丽雅最大的愿望就是到《纽约客》当编辑，毕业后这个乡下姑娘误打误撞地得到了许多女生梦寐以求的工作——在纽约最著名的时尚杂志《Runway》担任主编助理。向来朴实的安吉丽雅一下子来到了这个整天与 Prada, Versace 等世界级的服装品牌打交道的环境，她

感到无所适从,有人告诉安吉丽雅假如她能在主编米兰达普雷丝丽手下顺顺利利干完一年,那天底下就没有安吉干不了的媒体工作。主编米兰达,人称女魔头,以拥有最敏锐的时尚触觉和最恶毒的损人利嘴闻名于时尚界,"穿着没品味"是她一生最大的敌人,她一见到朴素的安吉丽雅就狠狠地将她嘲讽了一番。这只是安吉丽雅恶梦的开始,在接下来的日子里,她成了米兰达折磨的对象,每天没日没夜地干活,服侍米兰达,稍有差池马上被骂得狗血淋头。安吉丽雅在工作中渐渐发现这个表面富丽堂皇的时尚界充满着外人难以发现的丑陋,一切的不顺利让初出茅庐的安吉丽雅感到灰心失望。这个现代灰姑娘似的安吉丽雅当然也遇到了王子——编辑部的同事,时尚界的人都对这个朴实的姑娘充满好感,在他们的支持下,安吉丽雅在米兰达手下顺利活了过来。正当时尚界向她招手时,这个充满新闻理想的姑娘该如何抉择……[1]

《时尚女魔头》又名《穿普拉达的女王.与本书第三章中介绍的《毕业之后》一样,都是反映国外大学生就业主题的影片。它向我们展示了毕业生安吉如何完成"从学生到职业人"的转变,其中"充斥着激烈的职场角逐的硝烟与爱情人生的考验,尤其是对于无论是美国或中国的大学毕业生来说,求职、职场考验以及人生态度与追求都有着耐人寻味的写照与思索。"[2]整部影片"节奏明快,内容积极向上,人物个性鲜明,服饰时尚华丽,情节轻松幽默又让人深思","受到当今中国大学生尤其是女大学生们的普遍欢迎。"该片对女大学生"如何塑造自身形象,如何为走上职场、参与社会竞争做准备也提供了有益的借鉴与帮助。"[3]

---

[1] 摘自"时光网",网址:http://movie.mtime.com/41084/plots.html,略有改动。

[2] 李淑平,杨薇薇.电影《时尚女魔头》中的职场与人生.电影文学,2012年第3期,第107页.

[3] 杨庆娟.电影《时尚女魔头》对当代女大学生的成长启示.文教资料,2011年第27期,第63页.

第六章 《时尚女魔头》：职场适应非常重要

一、职场适应及着装问题

场景72

安吉丽雅：你好，我约了艾米莉·查尔顿。

艾米丽：安吉丽雅·塞克斯？

安吉丽雅：是的。

艾米丽：要命，人力部还真会开玩笑。跟我来。听着，我本来是米兰达第二助手，她首席助手近期晋升，所以我现在是首席助手。

安吉丽雅：你给自己找替身？

艾米丽：但还没找到。米兰达几周内炒了前两个女孩，我们需要能够适应这个高强度工作的员工。你明白吗？

安吉丽雅：当然，米兰达是谁？

艾米丽：天哪，我会假装你刚没问过我。她是《天桥》杂志主编，是一名传奇人物，只要为她卖命一年之后想去什么杂志社就可以去。所有女生都会为这份工作发疯的。

安吉丽雅：听上去很棒，我很荣幸能被选中。

艾米丽：安吉丽雅，《天桥》是本时尚杂志，热衷于时尚对工作人员非常重要。

安吉丽雅：你认为我对时尚没有兴趣？

……

艾米丽：人力部送她来做助理，我刚对她进行了面试。

影象中的职场启示

她根本不行,完全不适合这里。

本片一开场就向我们展示了一些美丽的女孩清早起床后,仔细化妆,佩戴上项链、耳环等各式各样的装饰,打扮得光彩亮丽去上班。而主人公安吉丽雅虽然也精心打扮自己,准备到《天桥》杂志去面试。但是她看上去头发蓬乱,洗把脸,裹了件大衣,穿的还是老式平底鞋。她刚进办公室就被《天桥》杂志总编米兰达的首席助理艾米丽所嗤笑,因为在艾米丽看来安吉丽雅的装扮过时、老土,对时尚完全没概念,根本不适合在《天桥》这个顶尖的时尚杂志里工作。这启示我们在面试前要准备好自己的着装,特别是要适合自己所求职的行业,千万不要太过随意;应聘者的着装要与工作的环境相协调,不要使自己与公司差异太大。本章的主题是"职场适应",其实着装也是职场适应的一部分。

艾米丽说:"米兰达几周内炒了前两个女孩,我们需要能够适应这个高强度工作的员工。"而且还说:"只要为她(指米兰达)卖命一年之后想去什么杂志社就可以去。"从而点出了本章的主题——职场适应。毕业生离开校园、进入职场走向社会,这无疑将是人生的重大转折——他们从此将告别学生身份,开始以"职业人"的面貌示人。对初涉职场和社会的大学生而言,他们面临的首要问题就是要尽快适应职业和社会。人在一生中总要扮演各种各样的角色,一生中都处在角色的不断变换之中,各种角色都对人们有着不同的具体要求。绝大部分学生在此之前并没有

第六章 《时尚女魔头》：职场适应非常重要

真正就业过，他们并不明白学校和职场、学生和职业者之间到底有什么差别，因此在这个角色变换中往往极不适应，从而表现出了许多职场不适现象。对于上述差别，美国佛罗里达大学管理学教授丹尼尔·费德曼有过详细的论述[1]；对于职场不适，国外学者"飞利普·加德纳等人曾经专门研究大学毕业生在工作时容易遇到的问题。他指出，大学毕业生难以适应职场的问题很普遍。这些问题包括，将学业知识应用于现实情境；团队工作技能；领导团队；目标设定；时间管理；理解职业价值观和伦理道德；处理冲突和批评；起草项目计划。"[2] 而工作强度陡然增大是造成毕业生职场不适的主要原因之一，特别是为素有"女魔头"之称的米兰达做私人助理更是如此，因此艾米丽才会说："米兰达几周内炒了前两个女孩，我们需要能够适应这个高强度工作的员工。"毕业生应尽早地意识到这些问题，不断地调适自己的职业角色，不断地培养自己的职场适应能力，顺利地完成从学生向职业者的转变。艾米丽还说："只要为她（指米兰达）卖命一年之后想去什么杂志社就可以去。"对此我们的理解是，这一年就是职场适应期，任何职场新人只要在"女魔头"米兰达手下度过了职场适应期就能适应任何同类的工作。在米兰达手下的工作经历及她的肯定，将为她寻找新工作打下了良好的基础。

---

[1] [美]罗伯特·C·里尔登，等. 职业生涯发展与规划. 侯志谨，译，北京：中国人民大学出版社，2010年版，第254页.

[2] 宋志海，刘献文. 大学生职业生涯规划教程. 沈阳：辽宁大学出版社，2009年版，第271页.

二、面 试

场 景 73

米兰达：你是谁？

安吉丽雅：我叫安吉丽雅·塞克斯，刚从西北大学毕业。

米兰达：那你在这里做什么？

安吉丽雅：我可以做你的助理。还有……我来纽约想成为一名记者，发了不少简历。终于艾丽雅斯·克拉克给了我一个电话，让我和人力部的谢瑞见面。反正，不是这里就是《机动世界》。

米兰达：那么，你没有看过《天桥》？

安吉丽雅：没有看过。

米兰达：直到今天才知道我这个人？

安吉丽雅：是的。

米兰达：你对时尚既不追求，也没见解。

安吉丽雅：这个，我认为这看个人……

米兰达：不，不，我没在问你。

安吉丽雅：我曾是西北日报的主编。我，还获得过全国大学记者竞赛的头名，连续揭露了校工团的不法剥削……

米兰达：行了。

安吉丽雅：好吧，我知道了。没错，我不适合这里。我不够苗条也不够漂亮，也不懂时尚。但我很聪明，我学得很快，我会努力工作的。

第六章 《时尚女魔头》：职场适应非常重要

……

安吉丽雅：多谢你的宝贵时间。

 场景74

米兰达：知道我为什么雇你吗？我总是雇类似的女孩，时髦、苗条、当然还有……崇拜这本杂志。但是，她们总变得……我不知道……让人失望……变得愚蠢。而你，有漂亮的简历，还有夸夸其谈地说自己是工作狂。我以为你会不一样。我对自己说，去吧，抓住机会，雇一个聪明的胖女孩。我有过希望。天哪，希望是我的动力。总之，你却比其他任何蠢女孩都更让我感到失望。

安吉丽雅：我真的做了我能做的。

米兰达：呃……就这样。

对毕业生而言，这段面试可谓是教训与经验并存。说是教训，是面试前必须做好充分准备，求职时不仅要注意着装，也要对应聘单位的基本情况以及企业文化有所了解。在本片中，《天桥》的总编米兰达家喻户晓，连安吉丽雅的朋友都知道她——"米兰达是出了名的女魔头，是个大人物，我打赌女生都会为这工作发疯的"。而安吉丽雅却浑然不知。她虽然知道自己要去面试的是家时尚杂志，却没有事先了解这家杂志甚至连杂志都没有看过，就更不用说了解这个杂志的文化和主编米兰达。大家注意，安吉丽雅应聘的是米兰达的私人助理，这样的岗位更加需要了解米兰达本人，而她对此一无所知，也难怪米兰达开始没看上她。俗话说"知己知彼、百战不殆"，不了解应聘的单位，毫无准备地去面试，求职失败自然在情理中。说是经验，是因为安吉丽雅面对逆境能临危不乱，真诚强烈地表达了自己会努力工作的意愿，使即将失去的工作机会失而复得。面对米兰达挑剔的眼光，她并没有放弃希望，她依然勇于表现自己的长处。然而米兰达仍不感兴趣，但是她依然坚持展示自己的长处。最终打动了米兰达，终于决定让她试试。用人单位在招聘时，最为关注的应该是招聘岗位最需要的且是不容易通过培训提高的特质。作为顶级时装杂志主编，米兰达对时尚的眼光非常高，当然对整个杂志社的要求也就比较高，但她出乎意料地录用了刚从大学毕业且对时尚界一无所知的安吉丽雅，原因何在？是安吉丽雅的聪明打动了米兰达，事实也是如此。这也告诉我们企业在招聘时，最为看重是招聘岗位最需要的即应聘者的内在特质，这也是最不容易通过培训提高的。安吉丽雅的聪明和优秀就是这种特质，而至于"时尚"完全可以后天培养，影片后面也证实了这点。从企业人力资源角度讲，其在招聘员工时会首先对需招聘的岗位进行工作分析，构建起胜任力模型，针对最重要的因素对应聘者进行测试考核，选拔出最合适的人。[1]对于即将步入职场的毕业生而言，首先要过的就是求职面试关。如何在求职面试中展示自己，力争得到工作的机会，这是毕业生需要学会的头等大事。《时尚女魔头》中，安吉丽雅在看来毫无希望的情况下，勇于展示自己的优

---

[1] 韩垚.《时尚女魔头》的人力资源管理启示. 现代企业教育，2012年第15期，第210页.

势和长处,最终获得了工作,很值得毕业生学习。但应聘成功只是第一步,而接下来的职场适应过程才最考验人,安吉丽雅后来的表现证明米兰达没看错人。

三、热爱工作,少些抱怨

场景 75

安吉丽雅:我知道了,但你知道我不会一直留在时尚界,我不想为了这个工作改变自己。

奈杰尔:真是说对了。

场景 76

安吉丽雅:她恨我,奈杰尔。

奈杰尔:这跟我有关……?哦,等等,这跟我没关系。

安吉丽雅:我不知道还能怎么做。事情做对了,好像是应该的,她连谢谢都不说;但如果事情做错了,她就是个巫婆。

奈杰尔:辞职好了。

安吉丽雅:什么?

奈杰尔:辞职。

安吉丽雅:辞职?

奈杰尔:我可以在五分钟内找到一个非常想要这份工作的女孩顶替你。

安吉丽雅:不,我不要辞职,这不公平。我只是说,我想要为自己的努力……赢得些奖励。

奈杰尔：安吉，现实点。你根本没有努力，你在抱怨。

安吉丽雅：我……

奈杰尔：你不知道这里员工的艰辛。更糟糕的是，你根本不在乎。在这里，更多人是热爱这份工作；而你是被迫的。你还抱怨她为什么不亲吻你的额头，每天给你的作业批个金色五角星。醒醒吧，亲爱的。

安吉丽雅：好吧，我搞砸了。

奈杰尔：嗯。

安吉丽雅：我不想这样的，我只希望知道自己该怎么做。奈杰尔？

奈杰尔：嗯？

安吉丽雅：奈杰尔，奈杰尔。

奈杰尔：不行。

影片到此时安吉丽雅还没有适应职场——她还穿着与时尚毫不相干的衣着，而且对工作充满了抱怨。奈杰尔一针见血地指出："你根本没有努力，你在抱怨。"他的话意味深长：不热爱工作，不付出努力，不停抱怨上司态度恶劣，还期望得到上司肯定，那简直是天方夜谭。现在有很多毕业生都面临这样的问题：自己应该是"爱一行干一行"还是"干一行爱一行"呢？这实质是择业与就业的问题。有些毕业生对自己的职业兴趣、职业价值观很了解，明白自己到底喜欢什么工作，以此去寻找工作并干好

第六章 《时尚女魔头》：职场适应非常重要

这份工作；而在现实中由于各种各样的原因，也有些毕业生往往无法干自己喜欢的工作，为了谋生不得不干自己不喜欢的工作，就像本片中的安吉丽雅一样。为何很多员工对工作充满了抱怨，特别是那些新员工？从深层次上说，是因为这份工作与他们的职业兴趣、职业价值观不相符。因为如果一份工作与你的职业兴趣、职业价值观相符合，你会热爱这份工作并为之而努力，那么你不仅不会抱怨这份工作恐怕连抱怨的时间都没有。"现代人在职场中常会遇到很多不顺心之事，有时难免也会牢骚满腹、心生抱怨。面对这些问题，毛泽东教导我们，'牢骚太盛防肠断，风物长宜放眼量。'其实，我们在职场中的很多牢骚，都是由于自己想不开所致，即自寻烦恼。解决牢骚最好的方法就是开阔自己的胸襟，将眼光放长远一些。牢骚对组织而言是一种会传染的毒药，也是任何组织无法接受的。"[1] 受到奈杰尔的点拨，如梦初醒的安吉丽雅开始审视自己的工作态度，改变工作思路，变被动接受为主动出击，做事更细致、更全面、更超前，努力地适应目前的工作环境，终于成功融入其中。从人力资源角度讲，"企业在招聘员工时，应该判断应聘者是否真正热爱他所应聘的岗位，是否适合企业的组织文化，如果答案是否定的，那么即使他工作表现得很好，他也是不适合这个岗位的，时间一长，他可能就会产生工作倦怠或者离职，这不仅增加了企业的成本，也影响了企业的发展。"[2] 安吉丽雅最后的离职也证明了这一点。

---

〔1〕杨莹.从毛泽东诗词看大学生职业规划和职业成功要素.当代教育理论与实践，2015年第5期，第142页.

〔2〕韩垚.《时尚女魔头》的人力资源管理启示.现代企业教育，2012年第15期，第210页.

另外,建立人脉也是迅速适应新环境、在职场站稳脚跟的关键。安吉丽雅虽然开始工作不顺,但是幸好她懂得建人脉,和奈杰尔成为了好朋友。奈杰尔总是在她迷茫时发出至理真言,一语道出了问题的实质。奈杰尔是一位智者,他在时尚界摸爬滚打了多年,有丰富的职场经验。不仅如此,他还有良好的抗压能力,这点在影片中亦有体现——米兰达为了保住自己而牺牲他时,他依然说"但我会抱希望的"。就此而言,奈杰尔是安吉丽雅工作中的"师傅"。中国自古就有师徒式学习的传统,在现代企业人力资源管理中"给每个新员工找一个老员工作为指导人或者伙伴是培训新员工的有效办法。"[1] 这些老员工不仅工作经验很丰富,而且深谙单位内的人情世故以及人际关系,是毕业生最好的职场老师。其实除了奈杰尔外,艾米丽和米兰达的身上也都有值得安吉丽雅学习的地方。艾米利虽然冷漠刻薄但办事灵活,而且她热爱自己的工作,带病工作时还不忘念着"我热爱我的工作";米兰达虽专横自负但时尚敏感度极高,决策果敢,具有高度的敬业精神、孜孜以求地追求完美的态度以及她运筹帷幄、力挽危机的能力,使她多年屹立时尚潮头而不倒。安吉丽雅刚开始工作时手忙脚乱,毫无头绪。然而"三人行必有我师焉",她善于从周围的人身上发现值得自己学习的地方,从而能快速地成长起来。特别是女魔头般的上司,也正因为这个人使她成长了许多。每位成长中的职场新人都应感谢挑剔自己、给自己压力的人,他们往往就是激发你潜力的鲶鱼。

---

[1] 张德.人力资源开发与管理(第3版).北京:清华大学出版社,2007年版,第265页.

四、改变自己，融入职场

 场景77

安吉丽雅：奈杰尔，奈杰尔。

奈杰尔：不行。我不知道你要我做什么。这里的衣服，6号穿不下的。我向你保证，这里都是样品尺寸，2号和4号。好吧，这个给你，还有……披风？你收下我给你的，你会喜欢的。

……

艾米丽：怎么可能……你穿的是……

安吉丽雅：香奈儿的靴子？没错。

赛琳娜：你看上去不错。

艾米丽：哦，天哪。

赛琳娜：怎么了？是真的。

艾米丽：哦，闭嘴，赛琳娜。

受到奈杰尔的点拨，安吉丽雅开始改变自己。她意识到要想工作得更加出色，只能快速融入到工作环境中。她从学穿高跟鞋开始，减肥、穿时尚套装，脱胎换骨般成为时尚人。安吉丽雅供职的是时尚杂志，而只有使自己变得时尚，才能与工作环境和同事相融；也只有身着靓丽的服饰，才能激发自己对时尚的热爱，从而转化为工作的动力。"爱美之心、人皆有之",何况是刚毕业的安吉丽雅呢?这也启示我们,进入新环境的职场新人,只有快速适应新的环境才能更好地发挥自己的潜能。

五、不对领导说 NO,要有超前意识

场景78

米兰达:安吉丽雅?

安吉丽雅:米兰达,关于昨晚,我……

米兰达:我要给双胞胎新的《哈里·波特》。

安吉丽雅:好的,好的,我马上去书店买。

米兰达:你在人行道摔伤脑袋了?

安吉丽雅:我不记得有啊。

米兰达:我们有所有已经出版的《哈利·波特》,双胞胎想知道接下来会怎么样?

安吉丽雅:你要未出版的手稿?

米兰达:我们和众多出版界打交道,这应该不是问题,对吗?你什么都能做出来,对吗?

……

安吉丽雅:她是故意的,就算有 J·K·罗林的电话,我也要不到那本书。

米兰达:我的孩子会坐 4 点钟的火车去见她们的外婆,那书最晚要在 3 点弄到手。

第六章 《时尚女魔头》：职场适应非常重要

安吉丽雅：当然！

……

米兰达：只有一本手稿，双胞胎该怎么办？一起看？

安吉丽雅：不，我已经做成两本。装订好并添加了封面，那样看起来就不会像手稿。复制成一模一样的两本，你知道，以防万一。

米兰达：那么装订好的两本手稿在哪呢？我怎么没看到？

安吉丽雅：双胞胎已经在去外婆家的火车上开始看了，还有什么需要我做的吗？

米兰达：就这些吧。

安吉丽雅在工作中无意间撞见了米兰达的隐私，米兰达恼羞成怒开始刁难她，要她完成一项几乎"不可能完成的任务"——弄到《哈利·波特》还未出版的手稿给米兰达的双胞胎，甚至想借这个机会炒掉安吉丽雅。领导的意志往往就是工作的方向，尤其是在女魔头般的米兰达手下，整个杂志社就是米兰达的王国。面对着这样非常专制的领导，做下属的最好对任何事情都不要说NO。就算是弄到《哈利波特》手稿这样过分、夸张的要求，当众拒绝就是不给领导面子。作为职场新人，上司往往会给你许多困难的事情做但不会告诉你解决的方法，因为他们需要只是结果而不关注你做事的过程，就像米兰达只要安吉丽雅弄到《哈利·波特》未出版的手稿而不管她怎么去弄。这时你虽然面临巨大的压力，但你能做的只有想尽办法去解决，而不是直接告诉上司

"我完成不了",这样就会给上司留下不好的印象。如果你通过自己的努力快速有效地解决了事情,最终不仅会获得上司的赏识,而且也磨炼了自己,最终将会成为职场达人。不仅如此,安吉丽雅还具有超前的意识。她在使出浑身解术拿到《哈利·波特》未出版的手稿后,马上想到只有一本手稿米兰达的双胞胎无法一起看。于是在将手稿交到米兰达手中前就复制成了一模一样的两本且装订好并添加了封面,并已经给在去外婆家火车上的双胞胎看了。这使本想借机刁难甚至炒掉她的米兰达哑口无言、只得作罢。她还说了一句"你知道,以防万一",此语意味深长。"防"什么呢?就是暗示作为上司的米兰达不要刁难她了,而这也体现了她聪明的特质。这一役可谓安吉丽雅职场适应过程中的险关,此后其职场前途一片光明。

六、既有明争暗斗,又要融洽相处

场景 79

艾米丽:上帝,安吉,你看起来很别致。

安吉丽雅:谢谢,你看起来很瘦。

艾米丽:真的吗?

安吉丽雅:是的。

艾米丽:这都是为了巴黎。我在进行一项新的节食方法,非常有效。我什么都不吃,当我觉得快要晕倒的时候,我就吃一块奶酪。

安吉丽雅:效果真明显。

第六章 《时尚女魔头》：职场适应非常重要

艾米丽：我知道。我的胃口才造成体重有增无减。

 场景80

艾米丽：上帝，我记不起来他的名字了。我今天早上还看过他的名字。是……我记得的，他是在……等等，他是……他是一位……上帝，我知道的……

安吉丽雅：他是富兰克林大使，为了身边那个女人离婚了，丽贝卡。

 场景81

米兰达：巴黎是我每年最重要的一周，我需要带一个最精英的团队去，那个团队已经不包括艾米丽了。

安吉丽雅：等等，你要我去……不，米兰达，艾米丽会死的。她全部的生活都是围绕着巴黎，为这她已经好几个星期都没吃东西。我不能……这样做。米兰达，我不能去。

米兰达：如果你不去，我会认为你并不重视你的将来。不管是在《天桥》还是其他出版社，你自己决定。就这样。

……

米兰达：安吉丽雅，别忘了告诉艾米丽。现在就说。

安吉丽雅：别接电话，别接电话，别接电话，别接……

"办公室政治"和职场斗争是职场电影永恒的主题，本片亦不例外。与此同时，这些也是职场适应的重要内容。本片主人公安吉丽雅在剧中既要与上司米兰达斗法，同时还要与同为助理且还是第一助理的艾米丽暗中较劲。从安吉丽雅入职的第一天起，艾米丽就看不起她，讥笑她不懂时尚还穿着"外婆的裙子"。平时对她也是冷若冰霜、颐指气使。安吉丽雅入职第一天艾米丽就对她说："记住，你我有不同的分工。我是指，你负责咖啡，听候差遣；我负责她的行程、会议和财务。"言下之意是说你不过是个打杂的，既是米兰达的助理还是我第一助理的助理。此后的工作中艾米丽对安吉丽雅也是如此。但安吉丽雅却从没对艾米丽记恨在心。在某次活动中，安吉丽雅称赞艾米丽看起来很瘦，这一下子就击中了艾米丽的软肋——瘦是时尚界的王道。艾米丽的冷酷仿佛都溶化了，开心地对安吉丽雅讲起了自己的减肥经历。因为安吉丽雅的称赞拉近了她和艾米丽之间的距离。人人都爱听到甜言蜜语，适当地称赞别人将创造出和谐的氛围，增进双方感情，对你的职场对手也是如此。

场景80中，身患严重感冒的艾米丽工作状态不佳，一时忘记了某宾客是谁，将让米兰达面临难堪的境地，这是她作为助理的失职。此时安吉丽雅并没因艾米丽平时的不友好而袖手旁观，而是马上在米兰达的耳边告之其来宾的姓名、身份，既使米兰达避免了尴尬也拉了艾米丽一把。

场景81中，米兰达因艾米丽在活动中的失职，决定不带她而带安吉丽雅去巴黎。安吉丽雅知道这对于酷爱时尚的艾米丽而言是严重打击，尽管此时她已经爱上了时尚，但她为了艾米丽有机会去巴黎第一次向米兰达说她"不想去"。这也是她在本片中首次对米兰达说不，但为得不是她自己而是别人。专制的米兰达不由安吉丽雅分说坚持让她去，还说"如果你不去，我会认为你

第六章 《时尚女魔头》：职场适应非常重要

并不重视你的将来"，并要她亲自打电话给艾米丽告诉这个决定。善良的安吉丽雅在打电话时还一再念到："别接电话，别接电话，……"。显然，她不忍心艾米丽听到这个残酷的消息。

七、坚持原则、初心不改

场景82

米兰达：你以为我不知道？我早先就知道他们在搞什么。不过是花了我一点时间帮杰奎琳安排个其他合适的位子。而詹姆斯·浩特的主管位子油水大的不得了。理所当然，她高兴得不行。这样我就告诉俄弗杰奎琳另有打算。事实是，没有人能干得像我一样，包括她。任何其他人选都无法胜任这项工作，杂志社自身也会受影响。特别是当我拿出一张名单，拿出来一张设计师、摄影师、编辑、作家、模特等等。所有经我发掘、培养并答应即使我离开《天桥》，也会和我共同进退的人的名单。于是他重新考虑了。但是，当你想方设法地试图警告我时，我还是非常、非常的感动。我从没想过我会对你说这些，安吉丽雅。我真的在你身上看到很多与我相似的地方。你能看透别人的想法和需要，你会为自己做出选择。

安吉丽雅：我不觉得我像你。我不能像你那样对奈杰尔，米兰达。我不能做出那样的事。

米兰达：你已经做了，对艾米丽。

安吉丽雅：那不是我想。不，那是不一样的，我没得选。

米兰达：但你选了，你选择了超越她。你想过这样的生活，这些选择是必须的。

安吉丽雅：但如果这不是我想要的呢？我是说，如果我不想要过你这样的生活呢？

米兰达：别傻了，安吉丽雅。每一个人都想过这种生活，每一个人都想和我们一样。

内特：我只有20分钟的时间。怎么了？

安吉丽雅：这个，我只是我想告诉你，你以前说的那些话都是对的。

内特：那些…

安吉丽雅：我抛弃了我的朋友，我的家庭，我所重视的一切。为了什么？

内特：为了鞋子、衬衫、外套、腰带。

安吉丽雅：内特，我很抱歉。

纷繁复杂的职场充满了尔虞我诈，职场新人在其中很容易迷失自我，失去原则和立场，特别是在米兰达这样的职场老手身边耳濡目染。米兰达的事业如日中天，但有人却要取代她《天桥》总编的位置。为保住自己总编的位置，她为了自己的利益不惜丢车保帅，牺牲了自己好搭档奈杰尔的前途。历经如此残酷的职场斗争后，米兰达和安吉丽雅进行了一番推心置腹的谈话。米兰达先解释了自己所谓的苦衷，然后指出安吉丽雅正逐渐成为像自己那样的人。但安吉丽雅却看清了米兰达和时尚界的真面目，断然与这份令人羡慕的工作以及这种生活划上了终止符。她辞去了米兰达第一助理的职位,应聘到《纽约客》报社当了记者,开始追寻自己的理想和人生——做个有良知和正义的人。这也给我们以重要启示:当鱼与熊掌不可得兼时,当工作与自己的人生观和价值观有矛盾冲突时,我们要坚持自己的原则、初心不改,而不能够随波逐流,在职场中迷失自我。适应职场和在职场中迷失自我、随波逐流不同,很多毕业生经常混淆两者的含义,从而将前者作为后者的借口,这其实是本末倒置。在职场中,我们既要适应职场同时更要坚持自己的职业价值观。

八、结　语

俗话说"内行看门道,外行看热闹"。《时尚女魔头》这部影片不仅为我们展示光怪陆离的时尚界,其中绚烂夺目的服饰、耀眼的镁光灯使很多年轻人为之迷醉。但是大家不要忘了,这部影片更讲述了一个职场菜鸟如何成为职场达人,而后来又舍弃令人羡慕的工作追求真爱的故事。如果你一味只去追看其中的时尚元素,而忘记了本片的职场教育意义,相信你如果有朝一日处在了安吉丽雅的位置上,你定会随波逐流甚至成为像米兰达那样的魔头。

第七章
《中国合伙人》：创业中的得失成败

导　　演： 陈可辛
主　　演： 黄晓明、邓超、佟大为、杜鹃
上映时间： 2013年
出品公司： 中国电影股份有限公司、我们制作有限公司

影片简介：

这是一个纵横30年的"中国式成功"故事。农村出身的土鳖成东青，两次高考落榜，眼看就要屈服于当农民的命运，他最后一搏，搏命背下整本英文字典，第三次考试终于考上大学；精英知识分子孟晓骏，强烈自信，内心认定自己永远是最优秀的那个；20世纪80年代的浪漫派王阳，外型

第七章 《中国合伙人》：创业中的得失成败

俊朗、热爱文学，一生梦想是当个诗人。3个满怀热情和梦想的年轻人在燕京大学的校园内相遇，从此展开了他们长达30年的友谊和梦想征途。出生于留学世家的孟晓骏渴望站在美国的土地上改变世界，浪漫自由的王阳尽情享受改革开放初期那蓬勃激昂的青春气息，曾两次高考落榜的农村青年成东青则以孟晓骏为目标努力求学并收获了美好的爱情。他们像所有20世纪80年代的莘莘学子一样都怀抱着美国梦。但申请签证的结果是最终只有孟晓骏获得了去美国的签证。成东青延续失败的命运，眼看好友出国完梦，他失望透顶唯有留在燕京大学任教，却又因在外私自授课被校方发现，央求悔罪但仍然被除名，成为一名真正的"失败者"。而孟晓峻在美国正要大展抱负，却未料堂堂燕大高材生在美国根本找不到工作，只能落魄地在餐馆里当侍应生；王阳虽然签证成功却因一见钟情的美国女孩放弃出国，贯彻其浪漫派个性。成东青一无所有，只有偷偷在肯德基办补习班，其独特的自嘲教学法，却渐渐吸引不少学生。这是命运的安排，他从没想过，被拒签这个人生最失败的挫折，亦是成就他人生中最成功的契机……偶然机缘，被开除公职的成冬青在王阳的帮助下办起了英语培训学校，开始品尝到成功的喜悦。孟晓骏在美国发展不顺，成东青毋忘孟晓骏，让他回国强势加盟，正式开办"新梦想"学校。3人凭借各自的魅力，即成东青的自嘲式幽默教学法，孟晓骏的美国经验和签证技巧以及王阳创新的电影教学让"新梦想"空前成功。"新梦想"再扩规模，成东青被媒体和青年塑造成为留学教父，不由自主地散发出从土鳖蜕变成为领导者的光芒，让孟晓骏非常看不过去，两人日渐貌合神离而王阳则左右为难。后来孟晓骏远走沈阳，3人的友情面临重重考验。然而大时代一幕又一幕的挑战，1999年南斯拉夫中国大使馆被北约军机轰炸，还有ETS美国普林斯出版社控告新梦想侵犯版权等等，又把3个人再次凝聚起来，共同面对新梦想的困境……[1]这部电影的台词从头到尾也没出现过"创业"的字样,却被公认为取材于知名企业"新东方"即北京新东方教育科技(集团)有限公司的创业之路。它讲述了3个拥有同样梦想的大学生共同打拼、最后功成名就的励志故事。这是一部以创业为主题的电影,其中很多台词都包含了深刻的创业哲理,很值得有创业想法的大学生仔细品位和慢慢琢磨。

一、创业与下海

 场景83

成东青:晓骏,你一定想不到,我这么胆小的人,现在也到外面当家教挣钱了。

孟晓骏:成东青,连你也下海了。我们都会更好的。

 场景84

字幕:1992 北京,前门

路人甲:便宜的很啊!

路人乙:那你给我弄几个车皮呗。

路人丙:有美金吗?兑换券也行。别走啊,哥们,做个生意。

……

成东青:对了,老翟下海了,去海南了。

---

[1] 摘自"时光网",网址:http://movie.mtime.com/174760/plots.html,略有改动。

第七章　《中国合伙人》：创业中的得失成败

中国自改革开放后历经了四次创业浪潮。其中第二次就在1992年邓小平同志南行后有中国特色社会主义市场经济的初建期，那个时代最时髦的词就是"下海"。"下海原指出海，到改革开放时期，随着市场经济的繁荣，许多人不满于现状，国有企业、机关的干部职工辞职或留职停薪，从事商业经营、投资办厂的活动称为下海。现泛指放弃原来的工作而经商。"[1] 而"创业"的含义与之相比更为丰富。教育部办公厅关于印发《普通本科学校创业教育教学基本要求（试行）》的通知（教高厅[2012]4号）中所附的"创业基础"教学大纲（以下简称"教学大纲"）中指出"创业是不拘泥于当前资源约束、寻求机会、进行价值创造的行为过程。"当然，创业大多数都以举办各类营利性工商业企业形式出现，即以"下海"形式出现；但创业中所含的创新意味，是"下海"这个概念所不具有的。另外下海即"放弃原来的工作而经商"，而创业的人群有两种：一是原来就没工作的人，如大学毕业生；二是原来有工作的人，如最近国家有关政策鼓励机关干部、科研人员保留身份或辞职创业。后者可以谓之"下海"。且下海即"从事商业经营、投资办厂的活动"，说白了就是营利性活动；而创业则不同，虽然大多数创业都以营利为目的，但也有些创业是不以营利为目的的，即所谓的"公益创业"。"公

---

[1] 关信平.改革开放三十年关键词.长沙：湖南人民出版社，2008年版，第359页.

益性创业是指为大众公共利益服务的创业,它的一个重要特征就是不单纯以营利为目的,即不以追求利润的最大化作为根本目标。"[1]片中王阳引用美国成功学大师的名言"成功者总是不约而同地配合时代的需要"。创业是目前时代的主题,创业就是"配合时代的需要",因而将成为成功者。

二、创业动机

场景 85

成东青:我在外面补习的事情,被学校知道了,他们可能要开除我。

王阳:恭喜你,你将永远活在你的学生的心中。

成东青:我上大学,我妈几乎欠了全村人的钱,难道要她来还?

王阳:如果我是你就在他们开除我之前先辞职。

成东青:辞职?那会把我饿死的。

王阳:我也辞职了,我饿死了吗?

成东青:要是没有我,你早就饿死了。

王阳:世界变了,街上卖鸡蛋都比你挣得多。你饿不死,别烦了,接着看。

学校广播:我校外文系教师成东青在校外私自办学,扰

---

[1] 唐亚阳.公益创业学概论.长沙:湖南大学出版社,2009年版,第6页.

第七章 《中国合伙人》：创业中的得失成败

乱教学秩序，造成极其严重的恶劣影响。经学校研究决定，给予成东青老师以开除教职处分……成东青成为本校第一个被公开除名的教师，他被写进了校史，这是连孟晓骏都不曾做到的事，当天他就被请出了教师宿舍。

……

王阳：没有人比我更清楚，他是被逼的。如果不答应，他就要滚回老家，每天对着地里的稻子说英文。

 场景86

王阳：当一个人失恋吃了上顿没下顿，难免就会不正常。

 场景87

王阳：事实证明，一个人迫于无奈之下的选择，往往是对的。

成东青是在被原单位开除后为谋生走上创业之路的，也就是说他创业并非自愿而是被逼的；王阳是在辞职后为谋生与成东青合伙办学的；孟晓骏则是在美国留学毕业后找不到正式工作，才回国与前两者合伙办学的。由此可见，3位合伙人具有相似的创业动机。"创业动机是驱动个体创业的心理倾向或动力，它是个体在环境的影响下，将自己的创业意向付诸于具体行动的一种特殊心理状态。"[1]"人各有志",创业者创业的动机也不相同。以此为标准可以将创业分为生存型和机会型两类。全球创业观察组织曾对这两种类型的创业进行了界定。生存型创业就是那些由于没有其他就业选择或对其他就业选择不满意而从事创业的创业活动,创业绝非出自他们的自愿;机会型创业是指那些为了追求商业机会而从事创业的创业活动,创业通常出自他们的自愿。[2]片中3位合伙人的创业显然都属于生存型创业,这也是他们走到一起的根源。其实很多创业的契机并不像以后写回忆录的时候那样,预见到了很多年后这个行业的发展,抱有必胜的决心和信念。很多时候,机会就是被逼出来的,人要活着,不能饿死,就必须做出改变。被开除,失去工作,失去经济基础,就是成东青和王阳最初的创业契机。本片是以创业为主题的影片,但很多人只知其"一"不知其"二"——只看到其中的"一次创业",即前文提到的创业;而没有看到其中的"二次创业",即"新梦想"的股份改造以及后来的上市。二次创业是指企业向组织形态集团化、资本构成股份化、经营决策国际化方向发展,其实就是扩大企业规模,提高其档次和质量,增强企业的综合竞争实力。

---

[1] 张玉华,王周伟.创业基础.北京:清华大学出版社,2014年版,第50页.
[2] 姚梅芳,葛宝山.生存型创业理论研究.北京:现代教育出版社,2008年版,第80页.

第七章 《中国合伙人》：创业中的得失成败

三、创业者的特质

　　场景 88

成东青：梦想是什么？梦想就是一种让你感到坚持，就是幸福的东西。

　　场景 89

成东青：美国人永远不懂，中国的英雄是可以跪的，甚至可以从别人的胯下钻过去。

　　场景 90

孟晓骏：我只会为一件事哭，就是我登上美国 Time 周刊封面的时候。

……

成东青：晓骏，你不寄 Time 周刊，因为封面上的人还不是你，对不对？

　　场景 91

王阳：这么大地方都是我们的了？这是一家废弃的国企工厂，主人下岗不在家，成东青无比鸡贼地乘虚而入。继上次钻了美国大爷的空子，这次他又要来钻国家的空子。

　　场景 92

成东青：掉在水里你不会淹死，呆在水里你才会淹死。

你只有游,不停地往前游。那些从一开始就选择放弃的人他不会失败,因为他们从一开始就失败了。失败并不可怕,害怕失败才真正可怕。我们只有从失败中寻找胜利,在绝望中寻求希望。

场景 93

那时候的成东青不能看见任何墙面,只要看见他就会上手贴广告。附近一带几乎所有的墙面都受过他的摧残。这孙子爬了燕京大学所有的电线杆子,这是我当初教他泡妞的法子,现在他用来推销培训班。成东青选择在这里办英语培训班,只有一个原因,"点一份鸡块他们就可以坐一整天"。

上述场景表现了创业者应具有的特质。创业者的特质是指成功创业者特有的品质和特征的集合。场景88表现的是坚持梦想。马云认为任何创业者在创业前都要问自己3个问题,即做什么、怎么做和做多久,而其中前两个就与梦想有关。创业者要有梦想,要确定该干什么,而不是能做什么。确定了梦想就要去做,而且要坚持做。他说"有了清晰的目标之后,要坚持信念,阿里巴巴之所以挺到今天,坚持做自己的事非常重要。"任何创业都源自于梦想,这恐怕也是3位合伙人将企业定名为"新梦想"的原因。场景89表现的是能屈能伸。创业者应在"各种恶劣环境

第七章 《中国合伙人》：创业中的得失成败

和条件下，总能做到能屈能伸，善于变通，表现出极强的适应性。"[1]如前所述，坚持梦想对创业者而言非常重要。而坚持就是要有克制力和忍耐力，这也是衡量人们有无坚强意志的标志。成东青说"可以从别人的胯下钻过去"的英雄就是韩信，他忍胯下三辱而长志、终成大业。场景90表现的是自信。自信是创业的前提也是创业者成功经营企业的基础。大多数创业者的共性就在于自信，相信命运由自己决定和掌握，相信自己有足够的能力而且相信自己的事业有前途等等。美国《时代周刊》又称《时代》，是美国最具影响力的三大时事性周刊之一。它也是世界知名的品牌，在全球拥有广泛的读者，而能成为它的封面人物更是中国人的殊荣。孟晓骏以成为《时代周刊》封面人物作为他的奋斗目标，表现出他强烈的自信。这种自信源于他家族的留学传统，更源自他亲身接受过的美式教育，用他的话说就是："自信是美国文化对个人最基本要求。"场景91表现的是把握机会。钻空子是贬义而其褒义就是把握机会。在创业中，机会指具有商业价值的创意，主要表现为特定的组合关系，它源自于一定的市场需求和变化。识别创业机会是创业者应具有的主要能力。在本片中，成东青先是利用肯德基办培训班，后又用废弃的国企开办培训学校，很好地把握了机会，既解决了场地问题又节约了开支。场景92表现的是奋发向前。其实成东青从被单位开除、走上创业之路的那天起就已经"掉在水里"了，而他只有将培训班、培训学校办下去，在激烈的竞争中不断奋发向前才不会失败。其实

---

[1] 于反，张伟超. 狼性创业：成功创业10堂课. 北京：经济管理出版社，2009年版，第122页.

创业的过程就如同逆水行舟,不进则退,否则就有可能掉在水里淹死。场景93表现的是睿智。本书在第一、二章中提到就业时可迁移技能很重要,其实在创业时可迁移技能更加重要。成东青就将王阳教他泡妞的法子成功地"迁移"到用来推销培训班上。另外,成东青之所以选择在肯德基办英语培训班,我们认为原因有二:首要还是场地免费,以为"点一份鸡块他们就可以坐一整天";但更重要的是,肯德基是当时能够为广大中国民众常见的美国品牌,在这里办培训班能让受培训者感受到美国文化的氛围。就此而言,成东青的选择可谓一石二鸟,也体现出他的睿智。

四、合伙、有限公司、上市公司

场景 94

成东青:这里终究不是长久之计,我想找个更大的地方,招更多的学生。要不然你跟我合伙吧……有我的就有你的。

场景 95

孟晓骏:成校长,股份制改造计划书。成东青,Yes还是No?

成东青:这一次我要说,NO……Yes。

孟晓骏:我知道这个事情很重要,你再考虑考虑好吗?

王阳:我怎么听见的声音好像是NO啊?

第七章 《中国合伙人》：创业中的得失成败

场景 96

孟晓骏：聊聊股份制改革，你怎么想的？

成东青：晓骏，这个事情吧咱们得暂时缓一缓。

孟晓骏：不能再缓了。你一拖再拖一拖再拖我不知道你到底什么意思。行还是不行？是不是不想分权？

成东青：没有，我从来都没有这么想过。Yes，我同意。你居功至伟，这是你占的股份。我呢51%，你跟王阳两人加起来49%；你25%，他24%……改天我们找个时间签署股份认购协议。

场景 97

成东青：上市啊？

孟晓骏：对，上市。

成东青：你真的别有什么压力。EES谈不拢，我不怪你。

孟晓骏：还记得我刚回国的时候，第二天我就说过这不仅仅是一个学校。我当时没说是怕吓着你。

成东青：你告诉我，为什么要上市？

孟晓骏：成为第一。

成东青：难道我们现在不是第一吗？

孟晓骏：出了中国当然不是，所以尽快启动上市，越快越好。

成东青：这一次我要说，NO。

……

成东青：我们不缺钱为什么要上市？我只会读书只想办

教育。新梦想是我们自己的,独立王国的成本是最低的,上市了就是投资股东的。为什么要自己给自己套个笼子?

孟晓骏:谁不是在笼子里?他那土鳖思维就是禁锢他的小笼子。新梦想实现国际化必须上市。

王阳:他也不是完全反对,他只是反对现在上市。

孟晓骏:所有的竞争对手都想成为中国第一支教育产业股,他觉得还有时间等吗?我告诉你,没有人会记住第二个登上月球的人。

成东青:我们为什么要离开地球?他太急了,教育求稳资本求快,本来就是不相容的。现在我们这艘船上不只是3个人,还有5万个学生。我首先得保证船不会翻。

场 景 98

成东青:今天是我们新梦想召开的第一次股东扩大会议。大家看一下手里的这份商业计划书。

孟晓骏:这是什么?

成东青:我们3个人的力量毕竟是有限的,应该团聚所有人的力量。

现在新梦想是我们在座的所有股东的。

孟晓骏:我是问为什么我的股份变少了?

成东青:我的也少了。我增发了30%的股份,一部分发放给这些老员工。另外一部分作为我们的期权池。我们所有人的股份都被稀释了,但是你跟王阳仍然是除了我之外最大的股东。

第七章 《中国合伙人》：创业中的得失成败

孟晓骏：你也知道了是吗？

成东青：我也是刚知道。不过，我赞同。

孟晓骏：那看来就是我是最后一个知道的。为什么？

成东青：这是我经过慎重考虑后决定的。

孟晓骏：你这么做是不是为了阻止我的上市计划？我说对了。

成东青：你太快了，我想停一停。有些事情只有停下来才能看得更清楚。

孟晓骏：停了，现在已经停了。你现在用利益集结了在座所有的人，未来我提的任何计划你们都可以否定。你开始接管了，对吗？

成东青：我同意。现在，这是制度。

场景99

成东青：今天我还就独裁了，我是公司最大的股东，有一票否决权，我反对上市。

本片中3位合伙人的事业历经了3个阶段，即合伙、有限公司以及上市，而这也是创业企业发展壮大的基本历程。创业就是创办企业。我国法律规定的企业形态主要有个人独资企业、合伙企业和公司（又包括有限责任公司和股份有限公司）等，创业者在创办企业时必须从中选择其一（当然创业者也可以选择非企业形态的个体工商户形式创业）。在本片中，成东青在肯德基中举办培训班还不算真正意义上的创业，因为他并没以企业形态出现，纯属个人行为。场景94中，随着他事业的扩大，他感觉到总在肯德基中"终究不是长久之计"，于是就"想找个更大的地方，招更多的学生"，扩大规模。但他也感觉到自己个人独木难支，于是邀请好友王阳合伙。严格意义上说，此时他们的合伙不属于合伙企业，因为此时我国《合伙企业法》还没有实行，两人的关系只能算是民事合伙。民事合伙，又称个人合伙，是指两个以上公民按照协议，各自提供资金、实物、技术等，合伙经营、共同劳动的行为或组织形式。这仅仅只是一种契约关系而非企业组织形态。合伙最主要的特征就是合伙人共同出资、共同经营、共担风险、共享收益，突出的是一个"共"字即"有我的就有你的"。在合伙据以建立的基础之中，人身信用优于资本信用，成东青和王阳首先是朋友而后才合伙就证明了这点。后来留学回国的孟晓骏加入合伙，并推动事业进一步扩大。场景95、场景96中，孟晓骏提出了股份改造计划，意在将"新梦想"推进到公司制的新阶段。"股份是公司特有的要素……公司是以股份为核心和基础来运行的。"[1] 从片中可看出，"新梦想"首先是有限责任公司。因为它并不向社会募集股份，而只是将3位合伙人合伙的出资转化为股份（后来即使成东青增发30%的股份，其中一部分发放给老员工，也就是在企业内募集而非向社会募集）。在公司中，股东按他们所持有的股份行使经营权，这就改变了合伙共同经营的机制。成东青嘴巴上说"不是不想分权"，但他在股

---

[1] 厉以宁. 股份制试点企业政策法规咨询全书. 大连：东北财经大学出版社，1993年版，第54页.

第七章 《中国合伙人》：创业中的得失成败

份制改造中最先提出自己占51%的股份即绝对控股，其实就是不想分权；后来他为阻止孟晓骏的上市计划不惜稀释股份改为相对控股，虽然他的股份减少了但始终还是公司最大的股东。他这样做的目的虽然也是为"新梦想"的稳定发展，但实际上就是想让"新梦想"成为他或至少他们3个人的独立王国。场景97、场景98中，孟晓骏在股份制改造尚未全部完成的情况下又提出了上市的主张，上市意味着"新梦想"将变为股份有限公司。公司要上市其前提就是必须为股份有限公司。我国公司法规定："本法所称上市公司，是指其股票在证券交易所上市交易的股份有限公司。"有限责任公司特点在于股份的封闭性，即在人数有限的股东（我国公司法规定有限责任公司为2~50人）之间；股份有限公司特点在于开放性，它向社会公开募集股份，并随着股东人数的增多能筹集到更多的资金、扩大经营规模。实际上孟晓骏搞股份制改造、上市与成东青只想搞独立王国的想法和做法是背道而驰的，这也是后来两人走向决裂的根源。其实很多成功创业者都将面对这样的问题：创办的企业越大就越不是自己的。创业者对创办的个人独资企业有很好的个人控制权，但随着企业发展壮大以及在形态上向合伙、有限责任公司、股份有限公司直至上市公司的转变，创业者对企业的控制权越来越弱。而此刻成东青也面临这样的危机，因此他坚决地反对上市。

五、创业团队及核心竞争力

场 景 100

成东青：你比我强，你受过美国妞培训。

场 景 101

王阳：这孙子一边上课一边嘲弄他的爱情，博学生们一笑。

场 景 102

王阳：而我使用的是好莱坞电影教学法。

场 景 103

孟晓骏：我想清楚了，没有人比我更了解美国，从今往后我再也不办什么大型的讲座了，我就办一对一签证模拟面试。

场 景 104

孟晓骏：你的电影教学法效果慢、不系统。你有没有想过为什么口语比我好？为什么？因为你是我们当中唯一泡到过美国妞的人……你很清楚口语的核心是什么。不是表达，而是思维逻辑。你了解美国人在想些什么，所以你说的就和美国人一样。把这个教给你的学生，这个别人教不了。

第七章 《中国合伙人》：创业中的得失成败

 场景 105

孟晓骏：严肃点儿好吗。我呢，负责签证咨询，王阳教美语思维，其实这样都是技术竞争力。你觉得新梦想的核心竞争力是什么？

成东青：是你。

孟晓骏：很好玩儿吗？

成东青：我很真诚。

孟晓骏：好吧，那我这么说。我不确定你到底有没有梦想，你要明白的是，没有人比你这样一个无能校长去讲梦想，更有说服力。成东青，你才是我们的核心竞争力。

 场景 106

王阳：如果新梦想也是一台录像机……遥控器始终在孟晓骏的手里……对他来说遥控器只有一个功能键，快进键……一年之内他启动了25个发展项目，是30个。

 场景 107

成东青：我和王阳相信，从美国回来的孟晓骏，能看到我们看不见的地方。

 场景 108

成东青：我对新梦想有最重大的责任。决定要做什么的人，应该是我。因为我才是新梦想最大的领导者。

孟晓骏：领导？新梦想的建议是我提出来的，技术层面是王阳给的。你呢？你除了拿麻袋装钱，还会什么？

场景109

孟晓骏：他总是能在最关键的时候冲上去，这个我做不到。

上述场景都是围绕创业团队而展开的。创业团队是由两个以上具有一定利益关系、共同承担创建新企业责任的人组建形成的工作团队。与个体创业相比较，团队创业具有多方面的优势，对创业成功起着举足轻重的作用。创业团队中成员所做的贡献是互补的，创业团队管理的重点是在维持团队稳定的前提下发挥团队多样性优势。正因为在"新梦想"中，三位合伙人各有优势、形成互补，所以我们才称其为"团队"。王阳的优势在于他"泡到过美国妞""受过美国妞培训"。当然这只是句笑话，主要是说他具有美国式思维，了解美国人在想些什么，而这也是中国学生最缺乏的。他的"好莱坞电影教学法"实际上也是其美国式思维的体现，孟晓骏只不过对这种教学方法进行概括和提炼。王阳擅长教学但不擅长管理，因而只能是"技术竞争力"。当然王阳还有一种能力，就是充当成冬青和孟晓骏间的"润滑剂"。孟晓骏相对其他两名合伙人的优势就在于只有他通过了签证而且真正在美国留学过，所以他专攻一对一签证模拟面试。另外正因为只有他真正在美国留学过，他才能将西方的经营管理引入"新梦想"。所以王阳说新梦想的遥控器始终在孟晓骏手中，成冬青也说"从

第七章 《中国合伙人》：创业中的得失成败

美国回来的孟晓骏，能看到我们看不见的地方。"孟晓骏擅长管理但并不擅长教学，尤其是患有"演讲恐惧症"，因而也只是"技术竞争力"。"技术竞争力是指以独特方式开发、设计新产品和流程，以及更新物质世界知识并把这种知识转化为所需的生产设计与说明书结果的能力。"[1]它与市场竞争力和综合竞争力共同组成了组织的核心竞争力。"核心竞争力是整合企业各种资源（包括物质资源、技术资源、人力资源、知识资源、财务资源与组织资源）与多种能力（包括生产能力、管理能力、营销能力、技术能力、员工能力）所形成的一种能够确保本企业在市场竞争中获得竞争优势与可持续发展的独特能力。"[2]"新梦想"的竞争力正如孟晓骏而言就在成冬青身上。成冬青能教学。别看他在燕京大学教书时课堂上学生睡倒一片，但一旦他走上创业之路做培训、办学校，其教学潜力就被最大限度地释放出来；特别是他独创的自我解嘲式的教学和幽默的公众演讲，是王阳和孟晓骏都不能比的。成冬青会管理。他亲手创办"新梦想"，将三位合伙人组合在一起，并始终把握"新梦想"的发展方向。他是这三人创业团队的领袖，是这个团队的灵魂，也是团队力量的协调者和整合者。所以他才是核心竞争力。而且"他总是能在最关键的时候冲上去"，就像当年他挡住在课堂上追打王阳和孟晓骏的学生那样，而孟晓骏都自叹自己做不到。片中的成东青相对孟晓骏较保守，这源于他三次高考才来到北京而且一直处于人生的低谷。但他的保守和孟晓骏的超前恰好形成互补，而这就是团队。另外

---

[1] 盛小平.企业核心竞争力研究：基于知识管理的分析.广州：广东科技出版社，2008年版，第20页.

[2] 同上，第11页.

成东青的领导潜质还表现在他看事情看得深远。例如他说"教育求稳资本求快，本来就是不相容的。"确实，资本市场的运作最快：圈钱——发展壮大——再圈钱。开始发展都缺钱，所以没有办法只能通过融资筹钱。但最重要的一点，就是在资本市场不要迷失了方向，要时刻把握住对的管控——他们做的毕竟是教育。在这方面成东青就比孟晓骏沉稳。

六、创业中的法律问题

场景110

公安人员：你们这里谁负责？

成东青：我。

公安人员：你没有经过政府部门的许可擅自使用废弃的工厂当校区，这是非常严重的违章行为。还有，你们的手续也不全，依法将被取缔。

成东青：哪有这么严重？补办手续我们一早就递上去了，上面一直拖着我们也没办法。

公安人员：申请办学证的条件是申请办学人一定要有副教授以上的职称，而且得经过你原单位同意。这两点你们都没有。

成东青：不是，这个事情有关部门正在协商。他们已经同意帮我们解决了。

公安人员：我们是按照制度执法办事，帮不了你。

孟晓骏：不是凭什么你说取缔就取缔。现在国家是不是支持民间办校，我们是受法律保护的好吗？

公安人员：这轮得到你说话吗？

孟晓骏：不是，我怎么说话？不是我们不办手续，是他们一直在拖着，对不对？而且我们受法律保护。如果你滥用职权的话，我可以告你。

公安人员：去告我去啊！我在这儿等着你，去啊！

王阳：不能去，对不起。

成东青：我们这朋友喝酒喝多了。我们这个哥们儿刚从美国回来，还在倒时差呢。

公安人员：从美国回来了不起啊！有本事你别回来啊！

成东青：不不。

孟晓骏：你再说一遍。

成东青：坐。你说吧罚多少，我都认了……晓骏，这不是美国是中国。你拿美国那一套放在这根本就不管用。

王阳：我没想到你怎么比我还幼稚啊？

 场景111

王阳：我们自办的教材有一部分托福和GRE试题，没有通过美国教育服务中心EES的授权。

孟晓骏：那这未来有很大隐患。

 场景112

众记者：成校长到了……成校长，成校长。

记者甲：成校长，新梦想的成功是不是因为盗版？

记者乙：成校长，据传新梦想因面临起诉将大面积停课，是不是美国方面已正式请求查封新梦想。

  片中3位合伙人刚开始创业就遇到了法律问题——他们未经政府部门许可擅自使用废弃的工厂当校区,而且办学手续也不齐全,依法将被有关部门取缔。办学在我国需要经过政府的批准,否则就是非法办学,将被依法取缔;不过我国对民间办学较为宽容,允许无证办学者在补办有关手续后继续办学,而实在不符合条件的非法办学才会被取缔。在民办教育这方面,我国现已颁行了《民办教育促进法》。3位合伙人初创业时虽然还没有该法,但民间办校在当时仍然受到法律保护。不能将非法办学与法律保护民间办校混为一谈,而孟晓骏就混淆了两者。创业之初是法律风险高发期。创业作为开创性的活动,经常游走在法律的边缘,稍有不慎就将陷入非法。当代中国历经四次创业大潮:一是改革开放之初;二是市场经济初建期,也就是3位合伙人初创业时。这时中国法制还不健全,确实存在钻法律空子发财的可能,而3位合伙人就是这样。当时我国的执法也不严,对违法行为常常是"一罚了事",所以成冬青才会对公安人员说"你说吧罚多少,我都认了",想用钱来摆平此事。但孟晓骏对此看不过去,因为他刚刚从美国回来。众所周知,美国是个法治社会,凡事依法而行。孟晓骏想还像在美国那样与公安人员据法力争,但成东青则想息事宁人。他对孟晓骏说:"这不是美国是中国。你拿美国那一套放在这根本就不管用",而王阳也说他幼稚。如今我们正处在第四次创业潮中。但与前两次创业潮相比,现在我国有中国特

第七章 《中国合伙人》：创业中的得失成败

色的法律体系已经形成，依法治国也已经成为我国的治国方略，现在创业像3位合伙人那样钻法律的空子已不可能，因此毕业生要"依法创业"。

"新梦想"创立起来后，3位合伙人又面临新的法律问题——未经美国教育服务中心EES的授权擅自在他们自办的教材中使用托福和GRE试题。从美国留学回来、具有较强法制意识的孟晓骏立即意识到其中有很大隐患。果然，"新梦想"因盗版、侵权后来面临被EES起诉的境地。这其中就涉及知识产权特别是版权的问题。版权又称为著作权，"是指基于文学艺术和科学作品依法产生的权利"，[1] 其中既包括人身权又包括财产权。根据著作权法的规定，著作权人以外的人在某些情况下使用他人已经发表的作品，即行使依法本属于著作权人有权行使的权利，可以不经著作权人的许可。严格地讲，在大多数情况下，这些行为属于只有著作权人才能行使的权利，如果其他人行使必须在"合理使用"的范围内。《美国版权法》为认定"合理使用"的范围有四条标准：要看有关使用行为的目的，即看是否为商业目的而使用；要看被使用的作品的性质，对不同类型作品的著作权利用形式不同，划分是否合理的界限也不同；在所使用的作品中，被使用的部分与整个作品的比例关系，比例若失当则不能属于合理；看使用行为对被用作品的潜在市场价值有无重大不利影响，如果有这种影响则不属于合理使用的范围。"新梦想"未经EES授权擅自在他们自办的教材中使用托福和GRE试题的行为不属

---

[1] 刘春田.知识产权法（第四版）.北京：中国人民大学出版社，2009年版，第41页.

于"合理使用"的范围：首先，"新梦想"使用托福和GRE试题没有获得这些试题所有者EES的授权；其次，虽然"新梦想"使用这些试题是为学校课堂教学，但是由于培训行业利润巨大，实际已构成了为商业目的而使用；最后也是最关键的，"新梦想"使用这些试题办培训使得大量中国学生通过托福和GRE考试，美方认为其行为对被用作品的潜在市场价值有重大不利影响——严重影响托福和GRE考试的公信度。由此可见，创业者无论是在创业初期还是在创业成功后都要始终注重法律问题。

七、创业与创新

场 景 113

成东青：孟晓骏说，传统大学以老师为中心，而新梦想以学生为中心。所以我们让学生给老师打分，学生可以开除老师。

本场景体现了创业与创新的关系，创新即创造新的、革新。习近平同志指出："创新是一个民族进步的灵魂，是一个国家兴旺发达的不竭源泉，也是中华民族最鲜明的民族禀赋。"国家民族如此而企业亦如此。创业与创新紧密相关、很难隔离。"每个成功的创业者都注重创新，他们可能开发出新的产品和服务，也可能找到了新的商业模式，也可能探索出新的制度和管理方式，

第七章 《中国合伙人》：创业中的得失成败

从而获得成功。"[1]创业是实现创新的过程，而创新是创业的本质和手段；创新是创业的灵魂和赢得竞争优势的关键。管理大师德鲁克在《创新与企业家精神》中指出："创新是创业家的独特工具。创业家借助创新，把改变视为一个开创不同的事业的机会。"[2]在本片中，"新梦想"创业成功就源于创新。在理念层面上，"传统大学以老师为中心，而新梦想以学生为中心。""让学生给老师打分，学生可以开除老师。"这是完全不同于传统大学的创新做法；在技术层面上，王阳的好莱坞电影教学法、成东青的自我解嘲式教学和幽默的公众演讲也都是对传统英语教学方式的创新；在战略层面上，孟晓骏积极推动"新梦想"进行股权改造，甚至想上市做成中国第一支教育产业股，这也是对传统民办培训机构发展思路的创新。正是因为拥有这些创新，三位合伙人创业才能够走向成功。由此可见，创新对创业的重要性。

八、创业团队组建中的真经

 场景114

王阳：最后给在座的朋友3句忠告：千万别跟丈母娘打麻将，千万别跟想法比你多的女人上床，千万别跟最好的朋友合伙开公司。

---

[1] 张玉利．创业管理．北京：机械工业出版社，2008年版，第5页．

[2] [美]德鲁克．卓有成效的组织管理．齐思贤，译．北京：东方出版社，2012年版，第48页．

王阳在婚礼上的这句话重点就在最后——千万别跟最好的朋友合伙开公司，实际上他说的是创业团队的组建问题。团队在创业成功中具有重要作用，从王阳的这句话揭示了创业团队组建的真经：利益是检验是否是真朋友的准则，但永远也别拿友谊去检验它！创业团队的组建应把握以下原则：首先不能因为关系好就合作，友谊只是创业的基础之一而不是全部，还要看合伙人能否独当一面，否则关系再好也没办法合作。纵观本片，三个合伙人各有所长，这才是他们合作创业的基础。其次还要有共同的创业理念。中国有句成语"志同道合"，创业者只有实现了这点，才有心往一处想、劲往一处使的合力。本片中3个合伙人共同的创业理念就是"帮人去美国"、将"赤旗插遍整个美利坚"。最后还要有组织纪律和规则。合作固然是建立在友谊基础上的，友谊在合作初期还能起到凝聚作用，但到后期必须靠组织纪律和规则来巩固合作关系，否则企业就有分崩离析之虞。那么优秀的创业团队如何组建呢？首先，所有成员应相互熟悉、知根知底，既能认识到自身的优势和劣势，又了解其他成员的优势和劣势，这样就能避免团队成员间因不熟悉而造成的矛盾、纠纷，提高团队的向心力和凝聚力。本片中3个合伙人就清楚彼此的优势和劣势。其次，团队成员应当形成互补。大多数创业"麻雀虽小"但应"五脏俱全"。不能都是技术人员，也不能都是销售和管理人员，优秀的创业团队成员应各有所长，相互结合、相互补充、相得益彰。再次，必须有可以胜任的领导者。很多团队创业失败的根源

第七章 《中国合伙人》：创业中的得失成败

就在于领导人不合格。王阳正是基于3人多年来合伙创业的得失才发出那样的感言的。中国有句俗语叫"买卖不在人情在"，但这句话只适用于生意伙伴而不适用于合伙创业者。因为在创业中到最后有可能是"买卖不在""人情"也不在。

九、创业契机

 场景 115

孟晓骏：成东青，你最想去哪儿？

成东青：天安门。

孟晓骏：天安门？为什么？成东青，我告诉你啊。你看，这所有打开水的……

成东青：孟晓骏告诉我，那时候每个人最想去的地方是美国。

 场景 116

女学生：成老师，成老师，你在哪里办学？我下个月考托福，我怕考不过，想找你补课。

3位合伙人创业成功就是抓住了契机。"那时候每个人最想去的地方是美国"，而出国留学必须通过托福和GRE考试，而这就是留学培训业存在的巨大市场。举办留学培训迎合了当时中国的留学热,也把握住了当时中国经济的脉搏,从而为他们成功奠定了很好基础。

十、结　语

《中国合伙人》是部充满创业元素的影片,除本章所述外还有很多。带着创业者的眼光观看本片,不仅可以深刻感受到其中的创业精神,更可以获得某些创业技术上的启示。如果说本书第二章论及的《与梦相约》是中国大学生就业的"全景式教科书",那么《中国合伙人》就是中国大学生创业的"全景式教科书"。

附录一
二十五部职场电影及其启示

(就业篇)

1.《权利的迷醉》

简介: 本片故事取材于法国最著名的 ELF 石油集团政治黑金五闻,但导演把臭名昭著的贪腐大案弱化成为故事的背景,着力刻画了"权利"这把双刃剑对于一个成功女性的影响,人性的内省成了影片的重头戏。身材瘦小的法国重量级女星伊莎贝尔·于佩尔,出神入化地演绎了一位重权在握的检察官热娜·夏尔芒。为了成功,为了至高无上的 Power,热娜不仅牺牲了度假、休息,牺牲了正常的家庭生活,甚至不顾生命安危……然而,正在她一步步升职的时候,与丈夫的关系却越来越疏远,直到丈夫跳楼,热娜似乎才幡然醒悟……

启示: 要成功就一定有牺牲。章子怡在红地毯和闪光灯前的灿烂背后肯定付出过你我所看不到的牺牲;杨澜的财富,也一定不是从天上掉下来的。不要只去看那些成功人士光鲜亮丽的时刻,不要以为他们只是比我们幸运。撩开他们成功的面纱,去看看他们走向成功之路的过程吧,每前进一步可能都有牺牲。关键是,那些成功者往往不惧牺牲,他们始终目标明确,一门心思地朝向自己的目标努力。

2.《永不妥协》——

简介: 本片故事取材于发生在美国的一个真实事件,充满激情、动人心弦。在当今这样一个缺乏英雄的拜金社会里,影片讲述了一个弱小女子如何在帮助他人的同时改变自己命运的动人故事,展现了人类捍卫正义的可贵精神。经历了两次离婚并拖着3个孩子的单身母亲埃琳,在一次十分无奈的交通事故之后一贫如洗,既无工作也无前途,几乎到了走投无路的绝境……但是她用执著坚韧的毅力矢志不移地坚守理想,敢于挑战权贵,勇于

附录一 二十五部职场电影及其启示

保卫弱者,不但捍卫了正义,帮助了他人,也重新认识了自己的价值。

启示: 无论你相信宗教还是相信自己,无论你相信爱还是相信权力,你一定不能没有信仰!在这个世界上,有些人并不强大,但是信仰赋予了他们超人的力量。正如影片中的弱女子埃琳,正是因为坚守信仰才能够百折不挠,才能焕发出超乎常人的能力。我们自己也是一样,假如能够成就一番事业,首先要相信这事业值得我们不惜一切去付出;还要相信自己,完全有能力成就这番事业。

3.《拜金女郎》——

简介: 艾娃和坦丝这对姐妹曾经拥有年轻女郎梦想得到的一切——年轻、美貌、多金,是一家价值数百万美元的化妆品公司的继承人……然而,父亲突然去世,家族公司莫名其妙地卷入一场产品丑闻,公司濒临倒闭,信用卡里无钱可刷……她们过往的绚烂生活顷刻间成了泡影!父亲白手起家创建起来的化妆品帝国将不复存在。在一个晚宴上,他们的对手曾经对当时还只知道打扮的两个无知女孩一说过：青春易逝，哪怕一个月也找不回来。只有智慧才是永存的！失去了一切的时候，她们找回了自己的智慧。

启示： 青春美貌留不住，金钱财富易散尽。无论是谁，只有智慧，才是属于你自己的。但是那些生下来就受到上苍眷顾的家境富足、青春靓丽的女孩子，往往容易被一些虚荣的东西掩藏住自己的智慧宝藏，除非遇到意外，否则那些人几乎会忘记了，她自己也拥有智慧！艾略特说过：我们每个人都想找到自己的钥匙，每个人都困在自己的监狱里。其实，智慧就是你该找的那把钥匙。

4.《美国空姐》——

简介： 唐娜是一个平凡的小镇姑娘，小镇的沉闷、闭塞，加上家庭不和，曾令她决心离开这一切。但是，与英俊男友的初恋让她忘了自己的目标，直到有一天，男友另觅新欢。失恋的唐娜绝望地跌入谷底，在酒馆借酒浇愁。此时，她看到了电视上正在播放对著名空姐萨莉的访谈。从乡下姑娘变成空姐典范的萨莉在电视里说："无论你来自何方，无论你是谁，你都能够梦想成真，但是你必须付诸行动，就在现在！"萨莉的话一下子把唐娜唤醒，她清醒地意识到：自己的目标是成为萨莉那样优秀的空姐！在历经各种挫折，甚至被同事偷梁换柱顶替之后，唐娜始终都没有气馁，没有放弃，因为有一个目标始终在支撑着她——"巴黎，头等舱，国际航线，这是通往幸福的捷径。"

启示： 明确的目标就像一台发电机，足以激发难以想象的能量。这能量有时如同核能，或者 TNT 炸药，足以迸发出难以想象的力量，帮助你把不可能变成可能，把梦想变成现实。但是，不是每个人都有明确的目标，也不是每个人都能坚持自己的目标。当我们遇到困难和挫折的时候，假如没有明确的目标像一盏明灯那样在眼前闪耀，就难免会感到厌倦，陷入消极抵触的情绪。这种时候，你就好像汽缸漏了气，电池没了电，智商和能力都大打折扣，判断力也会失准……

5.《蒙娜丽莎的微笑》——

简介： 20 世纪中叶，美国马萨诸塞州被誉为"没有男子的常青藤"的威斯理女子学院，新来了位名叫凯瑟琳·沃森的艺术史老师，她美丽、成熟、自信，拥有开放的自由思想，立志要把新思想传授给学生们。但在当时，美国封建保守思想仍非常严重。威斯理的教育不是教她们如何获得知识和智慧，而是把学生今后的婚姻定义为教育是否成功的标准。凯瑟琳来到这里后，没有像其他老师那样沿袭该校的传统教学风格，而是大胆地去挑战传统，鼓励学生发掘自己的兴趣，并且支持他们去实践自己的想法。她的做法不仅受到了一些大户人家女儿的挑战，而且受到家长、学校各方的质疑和责难。但是她凭借坚定的信念顽强地坚持了下来，最终赢得了学生们的尊敬和爱戴。

启示： 只有坚持到底，才能笑到最后。世界上所有那些看似不可能的改变，都是由人促成的。只要你坚持自己的目标不放弃，就可能看到奇迹的发生。严格地说，我们每个人都没有发挥出自身的各种极限。限于习惯、主观认知等原因，我们每个人一生中都可能浪费掉自己这样或那样的一些潜能。很多时候我们觉得挺不过去了，其实那并不是真实的状态。只要咬咬牙坚持下去，你会发现多数情况我们都能够挺过去，我们其实比自己想象得要强大得多！只有坚持到底，我们才能最大限度地发现我们自己的潜能，才能笑到最后。

附录一 二十五部职场电影及其启示

6.《伊丽莎白镇》——

简介：德鲁是一家国际顶尖运动鞋品牌的首席设计师，才华横溢的他是老板的宠臣。然而，他花费了8年的时间废寝忘食地研发的新产品，因致命问题被回收，公司顷刻间将承担近1亿美元的巨额损失！职场的幸运儿顿时跌入万丈深渊……德鲁彻底绝望了，甚至准备一死了之。恰逢此时，妹妹来电话说，爸爸死了—回老家时突然心脏病发作而死！真是祸不单行，德鲁被突然降临的厄运打蒙了。在去机场的路上，妈妈提醒他：你爸爸常说什么来着？德鲁和妈妈、妹妹齐声道："假如这么做行不通，一定还有别的办法！"在飞机上，德鲁邂逅了乐观、开朗的空姐克莱尔。克莱尔对德鲁说：你想变得伟大吗？那就鼓足勇气去面对失败，让人们看到你还能笑得出来——那才是真正的了不起！

启示：这么做行不通，一定有别的办法。失败只是表明没有成功而已。无论是多么惨痛的失败，其实都不是世界末日。很多时候，我们应该学会放下——放下那些令我们感到绝望无助的情绪。因为任何事情，假如这么做行不通，一定还有别的办法

——人生的路，绝对不止一条！这道理听上去很简单，但做起来却不容易。人们顺利的时候很容易保持高昂的气势，但是大难当头却难保不气馁、不放弃。但是绝望只会令人感到更加无助，并不能帮我们走出低谷。大难当前不妨试着笑一笑，你会发现：冬天过后，春天一定会再来。

7.《一往无前》

简介： 与其说电影《一往无前》是摇滚音乐名人强尼·卡什的传记片，不如说是他与一个女人的爱情篇章。影片不只展现了强尼·卡什从一无所有到成就非凡，展现了他与贫寒的出身抗争、与折磨人的毒瘾抗争的故事，更生动地演绎了那个改变他命运的女人与他之间曲折又感人的爱情。那个影响了强尼·卡什的瘦小、独立、坚强的非凡女人，正是著名的乡村音乐歌手琼·卡特。琼在20世纪50年代，就能够不理会世俗的偏见，结两次婚，分别为两个丈夫生了孩子，甚至还独自一人坐在挤满了男乐手的车里到处巡演……她的思想和行动都超前于那个时代。可以说，没有她就没有功成名就的强尼·卡什。影片中，琼·卡特用自己的一生告诉人们：女人，你的名字不是弱者。

启示： 永远记得，你的名字不是"弱者"。当社会或者男人习惯于把"弱者"二字强加在女人身上时，我们自己千万不要被这种习惯思维所暗示或蛊惑。要知道，无论男人还是女人，都会有强有弱，女人并非天生的弱者。实际上，女性的韧性和耐力，是一股不可低估的强大力量。相信自己有能力从困境中突围而出，相信自己有能力做到别人认为你永远不可能做到的，永远不以弱者定位自己的人，才能成为最大的赢家。

8.《托斯卡纳艳阳下》——

简介： 女主角法兰西斯·梅耶丝是一位美国大学教授兼作家，因为婚姻失败和灵感枯竭的双重打击，心灰意冷地来到意大利旅行。在阳光明媚的托斯卡纳乡间，满山遍野绽放着向日葵，空气中弥漫着葡萄的香气……梅耶丝心血来潮地买下了托斯卡纳乡厂的一幢有着300年历史的老宅，而她当时的心境，恰如这栋破败阴霾、满目疮痍的大房子。在整修老宅别墅的过程中，梅耶丝结识了许多淳朴的朋友，体会到了都市里难得一见的乡间生活情趣。日复一日，老宅子整修一新，阶下铺满光滑圆润的鹅卵石，墙角遍布着各种花草，树桩搭建的葡萄架像一个拱门，露天的阳台更可以将周围的美景尽收眼底……梅耶丝爱上了这里的简单生活，心情像托斯卡纳的天气一样，变得明艳晴朗起来。

启示： 天无绝人之路，世外桃源是存在的。在这个世界上，每个人都能够以不同的方式去生活。正所谓天无绝人之路，条条大路通向快乐人生。世外桃源是存在的，就看你想以怎样的方式生活。但无论如何不要忘了，要以一种孩童般的纯真对待生活，不要迷失在成年人复杂的泥沼里。古人道"有境界者，则自成高格"，人生最高的境界，其实就是纯真自然。

9.《肖申克的救赎》

简介： 肖申克，一座监狱的名字，无数的犯人关押在这里，在台湾版里这所监狱被翻译成鲨堡，何谓鲨堡？想来也不难理解，鲨鱼的凶猛是众所周知的，这座监狱也如其名，是一座黑狱，一座吃人的监狱。貌似大姑娘的普通的银行家安迪，被冤枉杀害了自己的妻子以及妻子的情夫，在蹲监狱的19年时间里，他为监狱图书馆集资，帮助罪犯求学，并且帮典狱长洗黑钱。然

附录一 二十五部职场电影及其启示

后,在一个风雨交加的夜晚他逃了出去,而他的工具是,一张诺大的海报以及一把仅仅被认为是可以雕琢小石子的小锤子。典狱长瑞德怎么也想不明白,安迪是怎么逃出监狱的,瑞德望着办公室墙上挂着一副刺绣的圣经,上而有这样一句话:"上帝的审判比预料的来得快!"而当初瑞德开玩笑的和安迪说:"如果想用这把锤子逃出去,恐怕需要整整六百年"……

启示: 其实这部电影适合所有为了将来打拼的人们——高考、考研、找工作、升职……它告诉你,无论如何,千万不要放弃。获得七项奥斯卡提名却没有一座小金人入账,《肖申克的救赎》的确有些衰!但"救赎"的信念却是其他电影所无法给予我们的,不要轻言放弃,朋友们。

10.《跳出我天地》——

简介: 简介:本片讲述的是一个 11 岁小男孩比利·艾略特破除重冲阻、追求梦想的芭蕾之路。在拳击课上,比利偶然看到女孩们在隔壁练习芭蕾,小小的比利被深深吸引住了。从此每个周末,比利用上拳击课的钱偷偷去学习舞蹈。他的父亲和哥哥知道此事后非常愤怒，芭蕾教师威尔金森夫人的劝说也没有用，比利陷入了精神低谷。在圣诞节的晚上，比利和伙伴们在舞蹈教室里玩耍时被父亲发现。面对父亲的怒火，小比利没有退缩，而是在父亲面前施展了自己这几个月以来学到的一切。最终，顽固的父亲被儿子的激情与舞蹈天分所震撼。因为威尔金森夫人曾建议比利到正规的芭蕾舞校学习，父亲回家后典当了妻子留下的手表和金饰，送比利到伦敦参加入学考试。考试结束后，比利完全没有想到自己会被录取，但是录取通知书寄来了，父亲和哥哥为他送行。当比利的列车远去，画面再次清晰时已是14年后，二人走下伦敦地铁去看比利演出。

启示： 你是否有这样的难题，你找的工作是你不喜欢的，或者与你大学辛辛苦苦所学的专业完全不对口，完全提不起你的兴趣，那么你会妥协吗？看看这部影片吧。11岁的矿工之子，在面对家里的男孩一定要练拳击的传统时，他勇于挑战，坚持练习自己钟爱的让贫民老百姓不能期冀的芭蕾舞，最终梦想成真。看看吧，一个孩子都有这样的决心与勇气，那么你会怎么选择？对梦想的执著追求，也许正是现代人所欠缺的，也许我们晚上会想很多，但是早上起来依旧是我行我素，学学比利的执著吧，你一定会受益匪浅。

附录一 二十五部职场电影及其启示

11.《阿甘正传》——

简介： 阿甘是个智商只有 75 的低能儿。在学校里为了躲避别的孩子的欺侮，听从朋友珍妮的话而开始"跑"。他跑着躲避别人的捉弄。在中学时，他为了躲避别人而跑进了一所学校的橄榄球场，就这样跑进了大学。阿甘被破格录取并成了橄榄球巨星，受到了肯尼迪总统的接见。在大学毕业后，阿甘又应征入伍去了越南。在那里，他有了两个朋友——热衷捕虾的布巴和令人敬畏的长官邓·泰勒上尉。这时，珍妮已经堕落，过着放荡的生活。甘一直爱着珍妮，但珍妮却不爱他。在战争结束后，甘作为英雄受到了约翰逊总统的接见。在一次和平集会上，甘又遇见了珍妮，两人匆匆相遇又匆匆分手。在"说到就要做到"这一信条的指引下，甘最终闯出了一片属于自己的天空。在他的生活中，他结识了许多美国的名人。他告发了水门事件的窃听者，作为美国乒乓球队的一员到了中国，为中美建交立下了功劳。猫王和约翰·列侬这两位音乐巨星也是通过与他的交往而创作了许多风靡一时的歌曲。最后，甘通过捕虾成了一名企业家。为了纪念死去的布巴，他成立了布巴·甘公司，并把公司的一半股份给了

193

布巴的母亲，自己去做一名园丁。甘经历了世界风云变幻的各个历史时期，但无论何时，无论何处，无论和谁在一起，他都依然如故，纯朴而善良。

启示： 也许你进入职场后会觉得自卑，比你有能力的人简直太多了，你有多么的不起眼，但是你总会比智商只有75的阿甘强吧？成功，不只靠才能，阿甘成就了一个美国式的传奇，善于把握机遇的你也能成就自己的传奇。并不是所有人都能够成为阿甘，我们都是平凡人，如果可以就给自己树立一个目标，一直走下去。

12.《美丽心灵》——

简介： 这是一部关于一个真实天才的极富人性的剧情片。故事的原型是数学家小约翰·福布斯·纳什。英俊而又十分古怪的纳什早年就做出了惊人的数学发现，开始享有国际声誉。但纳什出众的直觉受到了精神分裂症的困扰，使他向学术上最高层次进军的辉煌历程发生了巨大改变。而对这个曾经击毁了许多人的挑战，纳什在深爱着的妻子艾丽西亚的相助下，毫不畏惧、顽强抗争。经过了数10年的艰难努力,他终于战胜了这个不幸,并于1994年获得诺贝尔奖。这是一个真人真事的传奇故事,今天纳什继续在他的领域中耕耘着。

启示: 也许你在你的事业上极具才华,像约翰·纳什的数学天分一样,可是却遇到了这样或那样的问题,来自于你自己或者来自于周围,千万不要气馁,看一看纳什,即使严重如精神疾病也没能阻止他在事业上的成就——诺贝尔奖,那么你还有什么困难克服不了的呢?另外,事业成功的一半来自于那个爱护你、支持你、不论发生什么都不放弃你的伴侣,所以和谐的家庭也是非常重要的。如果连精神分裂症都可以克服,那么还有什么心魔可以阻挡你呢?

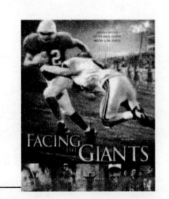

13.《面对巨人》

简介: 本片讲述一位教练如何重拾信心与勇气,并用信仰击败恐惧的故事。在泰勒的6年教练生涯中,他从未在赛季中获胜。在球队中最优秀的队员夏伊洛决定转学后,他们连在新赛季中获胜的希望都随之而去了。赛季一开始便输了三场比赛之后，泰勒发现那些爸爸们决定解雇他，随之而来的一系列压力令他完全失去了希望。他将如何重拾勇气与信心，用信仰击败恐惧呢……

启示： 当你的事业面对挫折时，当你陷入低谷时，就像片中的要被学生家长炒掉的校队教练一样，不妨换换思维，从另一个角度来重新评估你的事业，没准会柳暗花明又一村呢？虽然这部电影采取的用宗教的手段不太符合我国国情，但它也许会给你一些启迪。

14.《放牛班的春天》——

简介： 世界著名指挥家皮埃尔·莫安琦重回法国故地出席母亲的葬礼，他的旧友送给他一本陈旧的日记，看着这本当年音乐启蒙老师克莱门特遗下的日记，皮埃尔慢慢品味着老师当年的心境，一幕幕童年的回忆也浮出自己记忆的深潭……克莱门特是一个才华横溢的音乐家，不过在1949年的法国乡村，他没有发展自己才华的机会，最终成为了一间男子寄宿学校的助理教师，这所学校有一个外号叫"水池底部"，因为这里的学生大部

附录一 二十五部职场电影及其启示

分都是难缠的问题儿童。到任后克莱门特发现学校的校长以残暴高压的手段管治这些问题少年,体罚在这里司空见惯,性格沉静的克莱门特尝试用自己的方法改善这种状况……

启示: 影片内容看似与片名不相符,但它启示我们抛开名利、金钱、权利这些世俗的东西,单纯地去享受上帝带来的乐趣,就像片中的老师一样,固然清贫,固然默默无闻,但是那种更高尚的精神层面的东西是物质所不能带来的。老师赢得所有孩子的尊敬与爱戴,这是对人生最大的褒奖。所以,想得简单点,不论职位的高低、薪酬的多少,用你所学来回馈社会,这就足够了。

15.《天使艾米丽》——

简介: 艾米丽看来不是一个天使,她只是个平凡的咖啡馆招待,从小孤独自闭的长大,母亲意外死亡,父亲碌碌无为,生活多少有点不幸。偶然中她发现一个藏在墙壁中的盒子,里面是一个五十年前的孩子的全部"宝贝"——明星照片、卡通玩具、玻璃弹球……又是在偶然中她萌发了找到这个五十年前的孩

197

子—如今已是一位老人——并把"宝贝"还给他的想法。结果是完美的,老人找到了回忆,艾米丽找到了幸福。幸福是一种给予的快乐。艾米丽从此帮助周围每一个需要帮助的人,事实上周围的每一个人也都需要帮助,她精心准备每一个帮助的计划,始终不让别人发现是谁在帮助他们,艾米丽成了他们身边真正的"天使"。但艾米丽不是一个天使,她也有一颗需要帮助的心。艾米丽的白马王子出现了,一份奇怪的相册——专门收集被抛弃的自拍照片——成了她的"水晶鞋",一位艾米丽的老邻居——默默注视艾米丽的一举一动——成了她的天使。艾米丽终于鼓起勇气,找到了属于她的幸福,她的心灵花园中也开满了鲜花。

启示: 影片内容看似与片名不相符,但它启示我们作为新人,来到新环境,也许会受到排斥与冷落。想处好人际关系,也许你可以像艾米丽一样,去主动关心别人,做一些小小的努力,哪怕换来的是一个微笑或一声谢谢,但是你逐步建立起来的良好的人际关系会让你事半功倍。我们能从这部喜剧片的笑声背后感觉到一些不一样的地方。艾米丽简单地生活着,感受小小的悲伤和快乐。

附录一 二十五部职场电影及其启示

（创业篇）

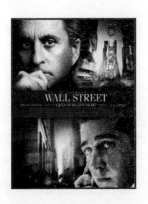

16.《华尔街》——

简介： 保罗·巴德是纽约大学的毕业生，华尔街的失意经济人。在一次和大老板盖柯的面谈之后，改变了自己的生活。他为盖柯寻找内幕消息，成功获知了另一位投资人莱里要收购ANC钢铁公司的信息，帮助盖柯赚了一大笔钱。并成为了他的合伙人之一。巴德从盖柯那里学了很多，包括操纵股市和孙子兵法。最后在收购他父亲工作了一辈子的蓝星航空公司案中，巴德和盖柯产生了兴趣上的严重冲突。以其人之道还治其人之身，巴德用盖柯教的反击了盖柯，并挽救了蓝星航空公司。但也因为操纵股市而入狱……

启示： 不看这个影片怎么能够随便进入股市？人人都想

发财,但内部交易是违法的。不要为了金钱出卖了自己。记住,创业并不只是为了财富和名誉。

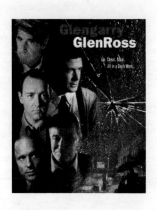

17.《拜金一族》——

简介: 这是部纯粹反应一线销售员的商业电影,述说销售的真理:业绩和销售额第一。故事背景是一家房地产中介公司,老板亚历克·鲍德温采取恩威兼施的方式激励员工士气,业绩竞赛的第一名可获凯迪拉克轿车,业绩最差者只得卷铺盖走路,众人无不施展浑身解术拉生意。资深营业员杰克·莱蒙在生存压力下铤而走险,竟然偷窃公司的客户资料。

启示: 这部电影从更加深层角度刻画了人们为了取得商业上的成功尔虞我诈、互相背叛的丑恶。不幸的是,作为一名销售人员,你会认识到,商业世界是残忍的。这部电影揭露了商业世界的残酷。

附录一 二十五部职场电影及其启示

18.《颠倒乾坤》——

简介： 这部喜剧的故事情节并无新意可言，套用了马克·吐温小说《王子和贫儿》和拉·尼姆的《百万英镑》，无非是将前者的 20 世纪 30 年代的社会喜剧加工并照搬到现代社会，将后者的"金钱"赌注变成"命运"赌注而已。路易斯·温索普三世是个金融家，他在兰道夫-莫蒂默公爵兄弟公司里有着显赫的地位和优厚的待遇。黑人比利是个流浪汉，为了讨口饭吃，他装扮作残废军人沿街乞讨。一次，比利被警察追捕，情急中躲进了上等俱乐部，不巧撞见了路易斯·温索普，路易斯遂将其交给了警察。莫蒂默公爵兄弟目睹了此事的全过程，兄弟俩对这件事持不同的观点，就命运的问题发生了争执，为了印证他们的话，两人决定以打赌这种形式定输赢。

启示： 经济是交易行为的代名词。只要有交易，就需要学会评估交易是否合算，就需要透视交易对方内心的秘密。交易中学到 3 个核心法则，在世界上任何国家，任何地方只要有交易的地方都适用的本质法则。

19.《锅炉房》——

简介: 19岁的赛斯戴维斯原本以经营私人赌场为生,他有他自己的生存方式,但这对当法官的他老爸却是令他名誉蒙羞的事情。因此在父亲的压力下,赛斯只好心不甘情不愿地去谋职。有家股票经纪商找上了赛维斯,里面的人冲劲十足,他们为了自己人生中的第一个100万打拼的概念,让赛斯的肾上腺素受到动力驱使,这次他不但有机会一展业务长才,同时也能让他父亲瞧得起他。开始赛斯打扮体面、努力工作,还以高分通过股票经纪人考试。他动作快、尖锐冷酷又野心勃勃。这使得他的银行存款与他们父子之间的关系,都将水涨船高。他满足那些毫无疑心的投资者的贪婪与不安,卖给他们永远都没有前途的股票。但是当赛斯看到他的同事们越来越富有,而他的顾客却越来越穷时,他开始怀疑,这里面到底有何黑幕,而他的好奇心也让他的未来充满了不确定性。到底他要继续眛着良心赚钱,还是不顾朋友、前途和唾手可得的百万财富,揭开真相?

启示: 难以想像的是违法交易几乎与证券市场形影不

离。19岁的年轻人如此近距离地目睹财富的操纵过程,让谁富有,而那不过是一个随机的选择。

20. 《硅谷传奇》——

简介: 这是描述苹果与微软两家公司非官方授权的传记式电影。苹果电脑的创建人史提夫贾伯斯和史提夫沃兹涅克,微软电脑王国创立者的比尔盖兹和史提夫鲍莫,这四个充满远见的年轻人,晚上在宿舍内绞尽脑汁、苦思良策,白天则在校内进行你来我往的斗智,展开一场延烧至今、改变了整个世界的全球电脑大对决。

启示: 硅谷的高科技公司是如何孵化的,是怎么演变成今天这个样子的,不到25岁的年轻人利用了什么样的市场规则,又是如何让市场规则,让客户,让竞争对手形成一个共同体的。现在的创业者依然在从这两位标志性的人物身上寻找灵感。它无疑给创业者们提供了借鉴。

21.《可口可乐小子》——

简介： 为了努力增加市场占有份额，一个古怪的市场营销专家拜访了可口可乐在澳大利亚的分公司。他发现在一个峡谷中可口可乐是零占有率，这个峡谷被一个老人自己制造的软饮料所垄断。他去拜访这个峡谷，探寻一下原因。他去参观了老人的工厂，其坚持不懈的努力使情况得到证实；他们开始谈论共同的风险投机。但当这个年轻人逐渐爱上他的现任秘书以后，事情变得复杂起来，因为这个秘书似乎和这个峡谷有很大的关系。

启示： 不是地震中的可乐男孩，而是美国男孩的可乐生涯。作为一个碳酸饮料的营销从业员，他不得不回答一个问题，在边远的澳大利亚小镇，为什么没有一瓶可口可乐？营销是生意不可缺少的部分。尤其是创业中不可缺少。一个男孩用可乐创造一个事业的故事。

附录一　二十五部职场电影及其启示

22.《优势合作》

简介： 丹·弗尔曼已经 51 岁了，而他的生活看上去还不错。丹长期在一家名叫《美国体育》的周刊负责广告业务，在他的带领下，这家周刊迎来了有史以来业绩最为出色的一年，而这些都是仰仗于丹的热情、宽厚和诚恳的办事风格，他也因此在公司中建立起了一支拥有团队精神的工作队伍。他妻子出人意料地怀孕了，而他的大女儿艾莉克丝因为过人的网球天赋被纽约大学破格录取了，这些都另丹感到十分的高兴。但同时，从不担心家庭财政状况的丹现在不得不因此而规划家庭的资金。

启示： 大公司都是通过收购来长大的。你会收购吗？知道收购后销售主管是怎么想的吗？知道销售人员背后议论什么吗？联想收购 IBM 失败的核心因素就是根本没有看懂这个影片。你看得懂吗？当公司与公司之间发生买卖的时候，公司一员的你，位置在哪里？

205

23.《甜心先生》

简介： 一个事业有成的体育经济人由于一次良心发现写了篇揭露本行业内幕的文章而被老板炒了鱿鱼，不甘心失败的他拉着暗恋他的秘书和一个过气球星一起踏上了艰难的创业之道，历经千难万险最终成功。

启示： 做生意要拿出诚意来。这个影片为美国文化提供了两条经典的短语，风行美国，经久不衰。看到钱才是真的。任何生意都如此。怎么才能看到钱，什么情况下，你会忘记这一点，而且通常是客户劝你忘记这一点。生意中没有牢靠的友谊，这是你在创业前必须要牢记的教训。做销售，建立大客户关系不容易。

附录一 二十五部职场电影及其启示

24.《上班一条虫》——

简介： 公司缩减规模，预备裁员的时候，一哥们居然不知道，而且，就在裁员开始的那天，他却决定请假。他的两个办公室的好友已经处在被开除掉的边缘，无奈，哥们三个决定实施一个神秘计划，将公司账号上的钱陆续转移，当然是通过木马病毒的方式。然而，由于这个哥们本来对办公室工作就没有感觉，于是，对于裁员特别轻松，满不在乎，公司高层偏偏就欣赏这样的态度，他居然被留下了，还被升职为主管。

启示： 市场经济环境中公司遇到危机时，裁员的本质动机，员工对公司的作用的核心意义都是必须要学习的商业基本规则。另外，很多创业者都不喜欢为他人工作，有时甚至会做一些出格的事情好被解雇。

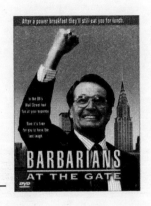

25.《门口的野蛮人》——

简介： 位于美国北卡罗莱纳州温斯顿沙兰市的RJR纳贝斯克饼干公司股东们，虽然受到全球瞩目，金钱不断涌入，光是在2月底的邮件中，就收到总数达20亿美元的支票，但很少有股东对公司的高级执行总裁罗斯·强生心存感激。现在，温斯顿沙兰市也变成前所未有的百万富翁市。所有与RJR公司有关的华尔街大亨都想从中分到一点好处，于是罗斯找来财务专家亨利和彼得来为他效力。接下来上演的便是一出充满贪婪、背叛、尔虞我诈和高风险赌注的华尔街风云。

启示： 当一个大师级的销售高手销售的产品是他的公司的时候，你要小心了，因为你面对着千载难逢的机会，那就是发大财的机会。看好他的公司的股票，立刻购买，无论多少钱都要买。贪婪是商业资本主义无法回避的主题，当然也无法忘记，每次贪婪遇到正直，为什么赢的总是贪婪。公司价值，投资机会，销售技巧等都是这个影片给我们的启示。

附录二
《费城故事》：维护自己的就业权益[1]

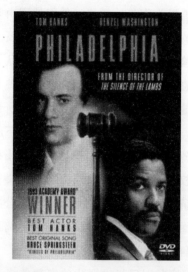

片　　名：《费城故事》
导　　演：乔纳森·戴米
主　　演：汤姆·汉克斯、丹泽尔·华盛顿
出品时间：1993 年

---

〔1〕 附录二摘自屈振辉．影中觅法：寻找电影中的法律世界．上海：上海交通大学出版社，2013年版，第233～245页。摘入本书时对原章标题做了与本书主题相符的修改。

【影片简介】 安德鲁是韦及维那德律师事务所中年轻有为、成就不凡的高级律师。当韦及维那德律师事务所准备代表某高科技公司进行大规模的知识产权侵权和反垄断诉讼案件时,所有合伙人都同意让安德鲁挑大梁,并有意将他吸纳为韦及维那德律师事务所的高级合伙人。但几天后,韦及维那德律师事务所却以其工作懒散、态度消极为由将他解雇,他们的理由是他差点丢掉了那家高科技公司的诉状。而安德鲁却认为是韦及维那德律师事务所的合伙人从他脸上的伤痕辨认出艾滋病的症状,出于对同性恋与艾滋病的憎恶恐惧而解雇了他。安德鲁遍寻整个费城,试图找到律师愿意代表他向非法解雇自己的律师事务所讨还公道。经历无数次失望之后,他在律师乔的办公室门外停下脚步。这位律师曾经与安德鲁对簿公堂,是一位名不见经传的小律师。乔最初同样对同性恋者的权利不感兴趣,并惟恐自己感染上艾滋病,他也回绝了安德鲁的请求。但在两周之后,当他在公共图书馆里看到管理员想要把满面病容的安德鲁和其他读者隔离开来的时候,乔终于决定为安德鲁在法庭上辩护。

7个月后,健康状况已极度恶化的安德鲁终于迎来了法院开庭。乔必须要证实韦及维那德律师事务所合伙人早就发现贝克特身罹艾滋病,并因此而解雇了他。他举出了很多证据,表明安德鲁曾是一名优秀的律师,曾深得韦及维那德律师事务所合伙人们的青睐。他们对他委以重任,安排其承办所里最重要的案件。但当有合伙人发现安德鲁患有艾滋病之后,便故意藏匿了当事人的诉状,制造口实,以便将安德鲁扫地出门。他还提交证据,指出韦及维那德律师事务所的某位合伙人看出了安德鲁脸上的伤痕是

附录二 《费城故事》：维护自己的就业权益

艾滋病的症状，而非如安德鲁所说在打棒球时擦伤了皮肤。但韦及维那德律师事务所的合伙人在出庭作证时，却否认知到安德鲁的生活作风与身体情况。他们解释说之所以把如此艰巨的任务交给安德鲁，是为培养他所花费的巨资能有所回报，但当安德鲁在工作上越来越马虎潦草时，他们只能解雇他。

案件审结时安德鲁已濒临死亡而未能亲耳听到判决。陪审团最终认定安德鲁确系因艾滋病遭到韦及维那德律师事务所解雇并应获得其支付的数百万赔偿费与惩罚性罚款。韦及维那德律师事务所的合伙人们发誓要上诉进行到底，而安德鲁在向乔和他自己的家人告别后则含笑离开了人世……

本片围绕一起因就业歧视引起的民事诉讼而展开，讲述了一位身染艾滋病的律师在另一位律师帮助下维护就业权益并终获成功的经过，其中涉及不少劳动法方面的问题，从而也成为了我们了解劳动法的好素材。

一、解雇权及就业歧视与劳动法

 场景 117

乔：脸怎么了？

安德鲁：我得了艾滋病。

乔：真遗憾……我能帮你什么忙？

安德鲁：我被韦及维那德事务所解聘，我准备对他们以不法手段开除职工提出诉讼。

乔：你要告韦及维那德事务所？

安德鲁：没错，我在找辩护律师。

乔：继续。

安德鲁：我错放一份重要诉状，这是他们的说辞。

乔：要不要听听我的？来这里之前，你找过几个律师？

安德鲁：九个。

乔：继续。

安德鲁：在那案子截止收件的前晚，我弄好了文件并将复印件放在桌上。第二天，它消失了，没有其他复印件。所有计算机中的档案都离奇消失了。神奇的是这份文件又突然出现，正好让我及时赶去法庭。第二天，我被合伙人叫去开会，他们在等我。

……

查尔斯：你最近不太对劲，安德鲁。

安德鲁：我不明白。

查尔斯：脑子昏昏沉沉、心不在焉。

其他合伙人：有人觉得你态度有问题。

安德鲁：是吗？谁觉得？

查尔斯：我觉得。

安德鲁：对不起，我被开除了吗？

查尔斯：这么说吧，安迪。你未来在本公司的地位已不安全了，我们觉得限制你的发展是不太公平的。

其他合伙人：我也不想赶你走，但我们已开会决定了。

安德鲁：对不起，查尔斯。容我谦恭地说，这决定太荒谬了，完全没道理。

附录二 《费城故事》：维护自己的就业权益

其他合伙人：还说你没态度问题。

查尔斯：别紧张，华特。

安德鲁：若你们不信任我，为何把高线案交给我？

其他合伙人：你几乎搞砸了那案子，这是不可原谅的，那就难收拾了。

……

乔：你隐瞒你的病情？

安德鲁：没错。

乔：把我当两岁小孩说给我听？我完全不懂。你不是应该告诉他们你得了传染病？

安德鲁：这不是重点。从我受雇到解雇中间，我工作得十分称职。如果不是他们开除我，现在我仍是十分优秀的。

乔：他们不能因为艾滋而开除你。于是设计你失职，像文件神秘失踪，是这样吗？

安德鲁：没错，我被设计了。

 场景118

乔：他们怎知你得了艾滋？

安德鲁：有个合伙人看到我额上的皮肤病变。

乔：怎么？怎么会因为任何可能造成的病变就推断你得了艾滋，然后以这种推断开除你？

安德鲁：问得好。注意到病变的这个人叫华特·堪顿，曾在华盛顿的华许爱玛事务所上班。有个助理叫马莉莎·班尼迪，有这种病变两三年了。用常识都知道这是艾滋的病变，但她没被开除。

乔：没，他们没开除她？我懂了，你有相关的例子吗？

安德鲁：亚兰判决。

乔：亚兰？

安德鲁：最高法庭。

乔：联邦就业法，1973年拟订禁令对于有能力工作的伤残人士不应有歧视。

安德鲁：虽然艾滋并非残疾，但其身体的限制及人们的偏见无疑使艾滋病患更不利。较之身体残疾艾滋病患之身心障碍更不应被忽视，这就是歧视。形成此种歧视是因其不基于个人价值，只以群众所采的态度作为考虑的结果。

场景 119

乔：在此的先生女士们，忘掉你们在电影或电视上看的。没有什么精彩大结局，没有赚人热泪的同情，你们将就一个事实作出判断。安德鲁·巴克特被开除了，你们将听取原告与被告的解说，你们将过滤双方的证词直到作出决定。以下是我必须要说明的几点：第一点，安德鲁曾是还是个聪明的律师，非常优秀的律师；第二，他染上此种疾病不对外公开也是可以理解的行为；第三点，他的雇主们发现了他的疾病，也就是艾滋；第四点：他们恐慌了，他们做了大多数人们会对艾滋病患做的事，尽量使病患远离其他人。这些雇主的行为，对你们来说可能合理，我也认为合理。毕竟，艾滋是致命的无药可救的病，但不管你们对查尔斯和其余合伙人所谓

附录二 《费城故事》：维护自己的就业权益

的道德说辞如何仲裁，事实是他们以艾滋病为由开除安德鲁他们就是犯了法。

本片中的这场诉讼是围绕解雇而产生的，双方争议的焦点就是韦恩威勒律师事务所解雇安德鲁的行为是否违法。资本主义社会摆脱了以往的人身依附，实行自由的雇佣劳动制。在这种制度之下，资本家可以任意地雇佣和解雇工人，这在资本主义社会早期几乎不受任何限制。但随着资本主义劳资矛盾的激化以及工人与工会运动的高涨，受雇方为保证自身的生存与安全迫切要求对雇佣方的解雇权做出限制。鉴于解雇是经济上占优势地位的用人单位单方意思表示所导致的劳动关系之终结，其不仅涉及劳动者的权益并且对劳动力市场秩序乃至整个社会的稳定都有影响，因此后来各国劳动法都对解雇权的行使进行了较为严格的限制并规定了相应的补偿制度。我国劳动合同法第39条规定，用人单位在劳动者有下列情形可以解除劳动合同：（一）在试用期间被证明不符合录用条件的；（二）严重违反用人单位的规章制度的；（三）严重失职，营私舞弊，给用人单位造成重大损害的；（四）劳动者同时与其他用人单位建立劳动关系，对完成本单位的工作任务造成严重影响，或者经用人单位提出，拒不改正的；（五）因本法第26条第1款第1项规定的情形致使劳动合同无效的；（六）被依法追究刑事责任的。这表明我国劳动法对用人单位的解雇权也有严格限制。就本片而言如果按我国法律，安德鲁即使是由于自己的原因丢失文件，但这份文件在他赶去法庭前及时出现了，并未给律师事务所造成损失。何况这件事根本就是律师事务所合伙人故意设计的，尽管律师事务所矢口否认。除此之外，安德鲁并没有违反上述规定的行为，相反他工作表现优异并被律师事务所委以重任。因此律师事务所解雇他的行为确如他所说是违法的。

  本片中有一个细节说明了律师事务所实施了违法的歧视。同样是身患艾滋病的雇员，因输血不慎而患病的女员工并没有遭到解雇，并在法庭表示对她这样不是因自身错误而感染上疾病的人感到同情；但却因同性恋而患病的男律师却遭解雇。众所周知，同性恋在传统上不为人们所认同，也常在道德上受到批判。这种状况在当代虽有所改观，但仍被大多数人认为是离经叛道。律师事务所合伙人因厌恶同性恋而患艾滋病的安德鲁并解雇了他，这显然是歧视。其实安德鲁被解雇的真正原因，就是他被发现是同性恋且患上了艾滋病，但这在中外都并非用人单位行使解雇权的情形。我国就业促进法第30条规定，用人单位招用人员，不得以是传染病病原携带者为由拒绝录用。但经医学鉴定传染病病原携带者在治愈前或者排除传染嫌疑前，不得从事法律、行政法规和国务院卫生行政部门规定禁止从事的易使传染病扩散的工作。艾滋病虽有传染性，但律师显然是并非易使传染病扩散的工作。因此像安德鲁这样的艾滋病患者，用人单位不仅不能在招聘时拒绝录用，更不能在其工作后以此为由解雇他。而在美国正如本片中安德鲁所说，联邦就业法也有在工作上不应歧视残疾人及艾滋病人的规定。目前世界在这方面已取得了共识。国际劳工组织在1958年通过的《就业与职业歧视公约》中规定"基于种族、肤色、性别、宗教、政治见解、民族血统或社会出身等原因，具有

附录二 《费城故事》：维护自己的就业权益

取消或损害就业或职业机会均等或待遇平等作用的任何区别、排斥或优惠"，"有关会员国经与有代表性的雇主组织和工人组织以及其他适当机构协商后可能确定的、具有取消或损害就业或职业机会均等或待遇平等作用的其他此种区别、排斥或优惠"都构成歧视。本片选定费城为故事发生地，且译名为《费城故事》也是有用意的。正如乔在片中所说"我们在友爱之城。费城是自由之地，也是发表独立宣言之城。我不记得宣言说'正常人生而平等'，而是说'人生而平等'。"该市市长也说"只要有人被解雇，若是由于歧视所致，他们别想在本城做生意了。"

其实劳动者无论患病还是正常，其合法劳动权益都应得到保护，而这维权的武器就是劳动法。劳动法是指调整劳动关系以及与劳动关系密切相联系的一些关系的法律，前者即人们在从事劳动过程中发生的社会关系；而后者则涉及劳动争议处理、社会保险、劳动监管和劳动管理等方面。以我国《劳动法》为例，其主要内容涉及促进、劳动合同和集体合同、工作时间和休息休假、工资、劳动安全卫生、女职工和未成年职工特殊保护、职业培训、社会保险和福利、劳动争议、监督检查和法律责任等多方面。除此之外，我国还颁布有《劳动合同法》《劳动争议调解仲裁法》《就业促进法》《社会保险法》及其他法规，这些都是我国劳动法的重要组成部分。劳动法在宏观上具有保护劳动者的合法权益，调整劳动关系，建立和维护适应社会主义市场经济的劳动制度，促进经济发展和社会进步的作用；在微观上，现代社会上绝大多数人都身处劳动关系中，他们在劳动中不是雇主就是雇员，都有必要学习和了解劳动法，这也足见该法的重要性。

二、知情权与隐私权

场景120

康妮:事实是,安德鲁·巴克特在工作上表现非常杰出,只有在某些时候遇特殊状况时他才显出无力;事实是他以被诈欺的受害者身份要求赔偿的;事实是,说谎的是安德鲁·巴克特,他对雇主们极度隐瞒病情;事实是,他就是以欺骗而成功的,韦恩威勒事务所的合伙人在开除安德鲁之前不知他患有艾滋病;事实是,安德鲁快死了;事实是,安德鲁很生气,因自己的生活和他鲁芬的行为缩减了自己的生命,在愤怒之中他正被鞭答着。他要别人付出代价,谢谢!

场景121

乔:你知道马莉莎有艾滋病,是不是?
律师事务所合伙人:她没隐瞒。

场景122

康妮:你在威勒事务所尽可能不让人发现你是同性恋者,对吗?
安德鲁:不对,不对,我没有欺骗过谁。
康妮:做为同性恋者经常被迫隐瞒性取向吗?是吗?
安德鲁:某些情况是的。

附录二 《费城故事》：维护自己的就业权益

场 景 123

乔：你在威勒事务所工作的几年中告诉过查尔斯你是同性恋吗？

安德鲁：我没有。

乔：为何没有？

安德鲁：私生活我不会带进公司，因为你不该有私生活的。我想过要告诉查尔斯，但在三年前的板球俱乐部发生了点事情……

乔：你感觉如何？

安德鲁：松口气，还好没告诉他，我大大地放心了。

上述片段中涉及知情权与隐私权的问题。知情权是劳动法中用人单位和劳动者都应享有的权利。双方基于诚实信用原则订立劳动合同，应当有权对对方的基本情况有所了解，对方也负有如实相告的义务。例如我国劳动法第8条就规定："用人单位招用劳动者时，应当如实告知劳动者工作内容、工作条件、工作地点、职业危害、安全生产状况、劳动报酬，以及劳动者要求了解的其他情况；用人单位有权了解劳动者与劳动合同直接相关的基本情况，劳动者应当如实说明。"并且第26条及第1款中规定"以欺诈、胁迫的手段或者乘人之危，使对方在违背真实意思的情况下订立或者变更劳动合同的""劳动合同无效或者部分无效"。在实际社会生活中，用人单位基于其强势地位，在招聘时有时要求劳动者提供的信息,超出了合理、合法的范围,从而侵犯了劳动者的隐私权。因此在法律上有必要对用人单位的知情权做出限制,这也体现在了上述第8条的后半句中。它一方面肯定了用人单位的知情权,满足其信息需求,为其选择合适人选以及协商合同内容做准备;另一方面又设定了用人单位知情权的界限,相对应的劳动者的说明义务限于"与劳动合同直接相关的基本情况",如果用人单位要求的信息与劳动合同不直接相关,或者与劳动合同直接相关但不属于劳动者基本情况,劳动者无义务说明。这样规定的目的就在于防止用人单位滥用知情权进行歧视性选择、侵犯劳动者隐私。在本片中,康妮指责安德鲁向律师事务所隐瞒了自己是同性恋更患有艾滋病的事实。要判断安德鲁的行为是否构成隐瞒,首先要看这是不是"与劳动合同直接相关的基本情况"。实际上这些对受雇于律师事务所从事律师工作而言,应属于不直接相关的基本情况且是个人隐私。因此安德鲁不告知这些情况并非隐瞒。但比如说安德鲁从事的不是律师而是外科医生等工作,那其患有艾滋病就属于与工作,也即"与劳动合同直接相关的基本情况"。安德鲁曾想向律师事务所公开这件事,但却因合伙人们对同性恋的歧视而最终选择了不公开。

三、劳动争议及诉讼

场景 124

鲍勃:我们给他钱算了,别打这场官司。

……

附录二 《费城故事》：维护自己的就业权益

查尔斯：我对他的信任，他以控告来回报我，丢法院传票给我在全费城的司法界。众目睽睽下叫我老顽固，老天。

某合伙人：巴克特不想上法庭，他想和解。

鲍勃：陪审团可能会决定此案是成立的。

本片中的诉讼是由除名所引起，其本质是一种劳动争议。劳动争议是指劳动关系双方当事人之间因实现劳动权利、履行劳动义务发生的争议，具体指劳动者与用人单位之间，在劳动法的范围内，因适用国家法律、法规和订立、履行、变更、终止劳动合同以及其他与劳动关系直接相联系的问题而引起的纠纷。具体而言，根据我国《劳动争议调解仲裁法》第 2 条的规定，劳动争议包括因确认劳动关系，因订立、履行、变更、解除和终止劳动合同，因除名、辞退和辞职、离职，因工作时间、休息休假、社会保险、福利、培训以及劳动保护，因劳动报酬、工伤医疗费、经济补偿或赔偿金等原因而发生的各种争议，以及法律、法规规定的其他劳动争议。很显然，本片中的情形如果发生在我国，是属于劳动争议范畴的。

通常而言，劳动争议的处理依次有四种形式，即和解、调解、仲裁和诉讼。和解是指劳动争议当事人双方自行协商，在自愿、平等的基础上达成解决劳动争议的协议。我国《劳动争议调解仲裁法》第 4 条规定："发生劳动争议，劳动者可以与用人单位协商，也可以请工会或者第三方共同与用人单位协商，达成和解协议。"在上述片段中，安德鲁在起诉后想通过这种方式解决争议,而律师事务所中也有合伙人提出通过这种方式解决争议。但查尔斯认为安德鲁的起诉侮辱了他,拒绝了以这种方式而选择了与安德鲁对簿公堂。调解是在第三人主持下,通过说服、劝导,使劳动争议在当事人双方互谅互让的基础上得到解决。我国《劳动争议调解仲裁法》第4条规定,发生劳动争议,当事人可以到企业劳动争议调解委员会、依法设立的基层人民调解组织和在乡镇、街道设立的具有劳动争议调解职能的组织申请调解。在国外,很多行业工会也承担着这项职能。因此在本片中安德鲁与律师事务所之间的劳动争议,也可在当地律师行业工会的调解下解决。仲裁是指劳动关系当事人将劳动争议提交法定的仲裁机构(在我国主要是劳动争议仲裁委员会),由其对双方的争议进行处理,并作出对双方具有约束力的裁决。诉讼是指劳动争议当事人不服劳动争议仲裁委员会的裁决,在规定的期限内向法院起诉,法院受理后依法对劳动争议案件进行审理的活动。这也是解决劳动争议的最终程序。在国外如果遇到本片中这样的情况,当事人可以直接向法院起诉;而在我国要因此而起诉还需要通过先调解、再仲裁,最后诉讼的程序流程。根据《劳动争议调解仲裁法》第5条的规定,"发生劳动争议,当事人不愿协商、协商不成或者达成和解协议后不履行的,可以向调解组织申请调解;不愿调解、调解不成或者达成调解协议后不履行的,可以向劳动争议仲裁委员会申请仲裁;对仲裁裁决不服的,除本法另有规定的外,可以向人民法院提起诉讼。"各国劳动争议案件的审理机构不尽相同,在我国主要是由法院的民事审判庭按民事诉讼程序审理的,美国在这方面和我国很相似。本片以较大篇幅描述了按民事诉讼程序审理劳动争议案件的场景,从而也为我们学习民事诉

附录二 《费城故事》：维护自己的就业权益

讼法提供了好素材。

四、本案的赔偿

 场景125

法官：决定赔偿金额了吗？

陪审员：是的，法官大人。补薪和利益受损赔偿：14.3万美元，精神损失赔偿10万美元，惩罚性赔偿478.2万美元。

在本片末，陪审团判定律师事务所因歧视解雇安德鲁为非法，其应向安德鲁支付500多万美元的赔偿。这笔赔偿包括3部分：一是补薪和利益受损赔偿。这在我国又称为经济补偿，主要是用人单位在劳动合同解除或终止后向劳动者支付的经济补助。依我国《劳动合同法》的有关规定，用人单位无论是否违法，解除与劳动者的劳动合同都应支付经济补偿；补偿标准按劳动者在本单位工作每满1年支付1个月工资计算。如果用人单位违反法律规定解除或终止劳动合同，应按上述规定标准的2倍向劳动者支付赔偿金。而依我国《劳动法》的有关规定，用人单位解除劳动合同后未依照本法规定给予劳动者经济补偿的，劳动行政主管部门除责令其向劳动者支付工资报酬和经济补偿外，还得向劳动者相当于这两项金额总和的1～5倍支付劳动者赔偿金。因此，用人单位违法解雇员工的代价是非常高昂的。

二是精神损害赔偿。这主要是律师事务所因安德鲁患有艾滋病且为同性恋者而歧视他、解雇他所产生的。这种情况在我国现在也已有了维权的依据。我国《就业促进法》规定劳动者可以因为就业歧视而提起诉讼。就业歧视侵犯了公民的人格尊严权。平等对待是人格尊严中最重要的内涵,其在劳动就业方面具体体现为就业平等和反就业歧视。就业歧视会使劳动者产生严重的受侮辱感,这种侵害往往会对劳动者的精神甚至身体健康造成损害。依据《最高人民法院关于确定民事侵权精神损害赔偿责任若干问题的解释》的规定,公民在其人格尊严权遭受非法侵害时可以向人民法院起诉请求赔偿精神损害,人民法院应依法予以受理。因此就业歧视的受害者在我国也可通过民事诉讼的形式,寻求因此而导致的精神损害赔偿。三是惩罚性赔偿。这主要是针对故意性的就业歧视而规定的,规定对违法者的惩罚性赔偿责任将有效遏制违法行为和保护受害者。但这目前还只是美国法律中的做法,我国劳动法中的惩罚性赔偿目前还仅限于用人单位不与劳动者签订劳动合同的情形,还未扩大到反就业歧视领域,这方面还有待完善。

劳动是现阶段绝大多数人谋生的重要手段,维护人们的劳动权就是维护他们的生存权与发展权。了解劳动法不仅有利于劳动者维权,也有利于用人单位合法组织生产和进行劳动管理,这对现代社会公民而言非常重要。